# 从零开始学公文写作

王健平 编著

清华大学出版社
北京

本书封面贴有清华大学出版社防伪标签，无标签者不得销售。

版权所有，侵权必究。举报：010-62782989，beiqinquan@tup.tsinghua.edu.cn。

图书在版编目(CIP)数据

从零开始学公文写作 / 王健平编著. —— 北京：清华大学出版社，2015(2023.2重印)
ISBN 978-7-302-41714-9

Ⅰ. ①从⋯ Ⅱ. ①王⋯ Ⅲ. ①公文—写作 Ⅳ. ①H152.3

中国版本图书馆 CIP 数据核字(2015)第 239627 号

责任编辑：张　艳　张立红
封面设计：邱晓俐
版式设计：方加青
责任校对：杨静琳
责任印制：朱雨萌

出版发行：清华大学出版社
　　　　网　　址：http://www.tup.com.cn，http://www.wqbook.com
　　　　地　　址：北京清华大学学研大厦 A 座　　邮　　编：100084
　　　　社 总 机：010-83470000　　邮　　购：010-62786544
　　　　投稿与读者服务：010-62776969，c-service@tup.tsinghua.edu.cn
　　　　质 量 反 馈：010-62772015，zhiliang@tup.tsinghua.edu.cn

印 装 者：三河市铭诚印务有限公司
经　　销：全国新华书店
开　　本：170mm×240mm　　印　张：17.75　　字　数：221 千字
版　　次：2015 年 11 月第 1 版　　印　次：2023 年 2 月第 8 次印刷
定　　价：45.00 元

产品编号：065517-01

# 前言

公文，全称公务文书，是法定机关与组织在公务活动中，按照特定的体式、经过一定的处理程序形成和使用的书面材料，又称公务文件。作为管理机关实施领导、履行工作职能、解决现实问题的重要工具，公文在社会生活中发挥着不可替代的重要作用。正如南北朝时期的著名文学家刘勰所说，公文是"政事之先务"。公文的价值应该引起足够重视。

对于公务人员而言，公文写作不仅和其工作紧密相关，也是其必备的素质与能力。公务人员要熟练掌握不同公文的写作方法，让笔下每一篇公文都能发挥最高效率，才能有效提高自身的思想认识水平和逻辑思维能力，进而获得在实际工作中对问题加以分析和解决的能力。除此以外，公文写作能力还可以体现公务人员的思想认识水平和业务能力水平。写作能力强的人有了这样的表现舞台，自然可以在工作中脱颖而出，拥有更为广阔的工作前途。

## 本书特色

**1. 内容立足基础，重在素质锻炼，主要提供基层公务员最需要的日常写作技巧**

本书内容包括公文写作概述和通用公文基础知识。在全书的前三章，重点介绍了不同职位的基层公务员必须掌握的写作技巧，对什么是公文写作、如何"会写"、如何"写好"公文进行介绍。

由于这部分内容立足于基础知识，重在实战技巧，因此对于需要大致了解和掌握的知识，以提纲挈领的表述进行安排；对于足以在短期内改变写作者能力的关键问题，则进行细节上的解释和分析。通过这样的安排，既注重了公务写作经验的传授，也注重了关键问题上相关知识的深入剖析。这种安排顺序并非按照书面理论系统进行，而是尊重了公务员利用业余时间学习公文写作的特点，考虑到他们素质锻炼的实际需要，以及充分激发和保持他们的学习热情和积极性。

**2. 行文流畅直白，以实例分析引导全书，适合初学者阅读**

本书对公文写作的相关知识介绍，并非以单纯说教的形式出现，而是全程结合具体写作中可能遇到的实际案例来加以分析引导。因此，本书有效避免了在公文写作学习中，不同文种、不同情境下可能产生的相互脱节问题，理论和实践充分结合，连贯且统一。同时，在分析具体案例时，作者并非直接举出案例进行耳提面命式的灌输，而是以生动的讲解与分析指出具体写法的优点或错误，帮助学习者在短时间内熟悉写作的过程、了解写作的目标、防范写作中可能出现的错误，从而促使学习过程变得更加生动、更加具有可操作性。

**3. 对高价值常用公文的写作方法进行重点讲授和分析，让初学者在最短时间内受益**

在本书中，作者将公文写作的知识加以整合，形成相互关联又具备一定独立性的篇章，力图避免传统公文写作知识书籍存在的"套路化""刻板化"等问题。为此，作者采用大量实际工作中的写作案例有针对性地进行分析，力求分析简练到位。为了避免读者学习时间和精力的平均分配，在内容上对"高价值常用公文"加以侧重，即在具体文种的分类部分，着重讲授和分析领导讲话稿、工作总结、调研报告、信息简报这四种常用公文的写作方法。原因在于这四种常用公文在基层公务员日常写作中极为重要，同时又并非依靠单一的模板格式就能写出优秀公文，因而更加考验公务员写作的实际能力。同时，作者挑选出在公务工作中基层接触机会最多、使用效率最高及最容易让公务人员"出彩"的文种，加以详细介绍和展示，希望能让读者迅速入门和受益，其中包括如何认识重要文种的价值、如何领会上级意图、如何搜集材料、寻找主题切入点、怎样利用文字特色、如何形成个人语言风格、如何让公文发挥应有效果等。

另外，本书在最后一章分别介绍了其他主要的通用公文和常用公文。如此，全书真实地体现了基层工作中不同文种的价值和意义，激发读者的发散思维，促使他们提前适应公文写作的日常状态。

## 本书内容及体系结构

### 第一章　从了解公文开始

要写好公文，就必须先了解公文。本章从介绍公文写作的概念入手，分别介绍了公文的基本特点、分类方法、不同公文的作用，并帮助读者了解公文如何从草稿开始一步步形成文本、语言和格式的具体要求等。让读者全面了解公文，进而为学习公文写作打下良好的基础。

### 第二章　做能写的公务员

本章从"能写"的角度入手，重点介绍一名公文写作的作者需要具备的基本态度和素养，包括公文写作和文学写作的区别、公文写作应该具有的知识储备和资料积累、如何寻找公文写作的灵感以及公文写作的基本规律等。通过本章的学习，读者将能够了解到公文写作基本素质的提高重点，并付诸实际学习和工作中。

### 第三章　做会写的公务员

本章侧重于对公文写作中共性技巧的解释，包括如何选择文种、如何让公文围绕主题写作、怎样进行布局谋篇、如何用论据表达观点与提高思想境界、如何修改公文等。在本章中，公文写作的具体能力被有效地统一，并在其中突出写作者应最快入手加以提升的重点，从而让读者能够在拥有必要基本素质后有针对性地发展自我能力。

#### 第四章　讲话稿：让领导讲话更有底气

本章主要介绍"领导讲话稿"这一常用公文种类的写作方法，在内容上，指出讲话稿的特点和性质，并引导读者如何把握领导的想法和观点，抓住讲话稿的开头和结尾部分，领会讲话稿内容的重要意义和主要内容。通过本章学习，读者将不仅熟悉了讲话稿这一重要文体的写作，而且能在日常写讲话稿时拥有明确的方向。

#### 第五章　调研文：民间疾苦笔下来

本章主要介绍"调研报告"这一常用公文种类的写法。作者重点介绍了调研报告选题的方法、调研的意义、标题和格式、数字对调研报告的意义，并在本章结束谈到了"调研论文"的写法。本章内容深入浅出，能够指导读者如何去认识调研报告、独立开展调研工作并写出效果良好的报告作品。

#### 第六章　总结文：总结好才能被认可

"工作总结"是公务工作中最普通、最常见的公文种类。本章从打破这种常规认识出发，指出这一文种并非鸡肋而有其独特的价值，并由此引导读者如何利用总结呈现工作成绩，进行点面结合的全面概括，从而充分主动地利用总结文字来反映工作实践，达到有效吸引上级注意力的效果。在认真学习本章后，读者对工作总结的认识将有更上一层楼的突破。

#### 第七章　简报：信息时代的写作

本章介绍的内容为日常公务中"简报信息"类文字的写作方法。从实际工作要求来看，读者最关心的是如何让自己写作的内容具有准确切入点、能够迅速脱颖而出并得到上级更高的采用率。本章相关的方法介绍正是从这些基本问题出发，同时谈到如何在简报信息中合适地"报忧"，怎样让简报信息满足大环境需求等。通过本章学习，读者能够获得更多机会在信息公务时代出类拔萃。

### 第八章 日常写作展现能力

本章以介绍2012年最新版《国家机关公文处理办法》中的常见通用公文为主，兼有规章类、计划类、礼仪类公文，概括性地向读者介绍了日常写作中其他常见的公文写作的方法。由于这些公文写作大都具有具体的格式模板，因此本章重点在于介绍其写作方法中的共性部分，确保读者能够举一反三、迅速熟悉，从而在必要时积极展现写作知识和能力。

## 本书读者对象

- 新入职公务员
- 各党政机关、社会团队、企事业单位想提升公文写作能力的工作人员
- 有志于从事公务员工作的社会人士
- 从事行政管理专业理论和实务研究的学者
- 从事中文方向应用文写作专业研究的高校师生
- 其他对公文写作有兴趣爱好的各类人员

可以确定的是，读者通过本书学习到的并非那些随处可以查阅到的公文写作模板与格式，而是从十余年机关公务工作经验和写作经历中撷取宝贵的"闪光点"，跟随本书学习公文写作，相信写作者的写作提高之路犹如多了位深谙此道的领路人，因此在快节奏的工作和生活中更加合拍与高效。

## 关于作者

王健平，八零后，中文专业硕士、公共管理硕士，现就职于华东某市市政府，先后担任市委书记文字秘书、市委宣传部办公室主任等职

务。十多年来，作者专业从事机关文稿撰写工作，承担大量行政机关领导讲话、调研报告、工作总结和日常公文，并曾在多家重要报刊上发表新闻和理论文章，有着丰富的公文撰写经验和体制内工作经验。

参与本书编写的还有徐明升、程斌、胡亚丽、焦帅伟、李凯、刘筱月、马新原、能永霞、商梦丽、王宁、王雅琼、徐属娜、于健、周洋、张昆、陈冠军、范陈琼、郭现杰、罗高见、何琼、晁楠、雷凤。

学海无涯，写作能力的提高永无止境。本书受水平和时间所限，难免存有疏漏和不当之处，敬请指正。

# 目录

## 第1章 从了解公文开始 · 1

### 1.1 认识公文写作    2
- 1.1.1 公文写作的意义和价值    2
- 1.1.2 通用公文    3
- 1.1.3 常用公文    4

### 1.2 公文的基本特点    5
- 1.2.1 公文的法定性    6
- 1.2.2 公文的规范性    7
- 1.2.3 公文的真实性和权威性    8
- 1.2.4 公文的时间性和时效性    8
- 1.2.5 公文处理程序的规范性    9

### 1.3 为公文分类    9
- 1.3.1 公文的涉密程度    10
- 1.3.2 公文的行文方向    10
- 1.3.3 公文的内容性质    12

### 1.4 不同场合不同作用    13
- 1.4.1 规范和约束    13
- 1.4.2 领导和指导    14
- 1.4.3 联系和交流    14
- 1.4.4 宣传和教育    15

| | |
|---|---|
| 1.4.5　依据和证明 | 16 |
| **1.5　从稿本到文本** | **17** |
| 1.5.1　公文的草稿 | 17 |
| 1.5.2　公文的副本和存本 | 18 |
| 1.5.3　公文的核稿步骤 | 19 |
| **1.6　语言要求的方向** | **20** |
| 1.6.1　真切准确 | 20 |
| 1.6.2　简洁明快 | 21 |
| 1.6.3　庄重严肃 | 22 |
| 1.6.4　得体适当 | 23 |
| **1.7　格式很重要** | **24** |
| 1.7.1　文头的注意事项 | 24 |
| 1.7.2　发文编号 | 25 |
| 1.7.3　公文标题 | 26 |
| 1.7.4　印章和附件 | 27 |
| 1.7.5　抄送 | 27 |
| **1.8　公文写作流程** | **28** |
| 1.8.1　写作的出发点 | 28 |
| 1.8.2　对材料的掌握 | 29 |
| 1.8.3　了解接收方信息 | 30 |
| 1.8.4　编写提纲 | 31 |
| 1.8.5　起草和定稿 | 31 |

# 第2章 做能写的公务员 · 33

| | |
|---|---|
| **2.1　写公文不是"玩"文字** | **34** |
| 2.1.1　公文不是文学 | 34 |

| | | |
|---|---|---|
| 2.1.2 | 堆砌文字不可取 | 35 |
| 2.1.3 | 缺乏对"度"的把握 | 36 |
| 2.2 | 用文字解决矛盾 | 37 |
| 2.2.1 | 用写作协调关系 | 37 |
| 2.2.2 | 锻炼处理矛盾的能力 | 39 |
| 2.2.3 | 创新也很重要 | 39 |
| 2.3 | 态度决定文风 | 40 |
| 2.3.1 | 正确的写作态度 | 41 |
| 2.3.2 | 良好的写作角色感 | 42 |
| 2.4 | 修养、知识和心智一个都不能少 | 43 |
| 2.4.1 | 培养写作修养 | 43 |
| 2.4.2 | 充实写作知识 | 44 |
| 2.4.3 | 发展写作心智 | 46 |
| 2.5 | 资料积累，重在平时 | 47 |
| 2.5.1 | 获取基础资料 | 48 |
| 2.5.2 | 搜集政策资料 | 48 |
| 2.5.3 | 获取典型资料 | 49 |
| 2.5.4 | 领悟领导思想 | 50 |
| 2.5.5 | 准确整理资料 | 50 |
| 2.6 | 灵感从悟性里来 | 51 |
| 2.6.1 | 灵感的价值 | 52 |
| 2.6.2 | 获得悟性应五步走 | 52 |
| 2.7 | 按规律去写作，写作者能行 | 55 |
| 2.7.1 | 模仿与学习阶段 | 55 |
| 2.7.2 | 实践阶段 | 56 |
| 2.7.3 | 熟练写作阶段 | 57 |

| 2.8 笔杆子就是比奉献 | 58 |
|---|---|
| 2.8.1 写作的辛苦与心苦 | 58 |
| 2.8.2 奉献是公务员的本色 | 59 |
| 2.8.3 换个角度看公文 | 60 |

## 第3章 做会写的公务员 · 63

| 3.1 一切围绕主题 | 64 |
|---|---|
| 3.1.1 开门见山法 | 65 |
| 3.1.2 抛砖引玉法 | 66 |
| 3.1.3 逐步揭示法 | 66 |
| 3.2 把握切入的角度 | 68 |
| 3.2.1 公文切入角度的取决因素 | 68 |
| 3.2.2 寻找公文切入角度的方法 | 70 |
| 3.3 选对笔下的文种 | 71 |
| 3.3.1 根据行文目的进行选择 | 72 |
| 3.3.2 根据行文对象和行文机关之间的关系加以选择 | 73 |
| 3.3.3 根据行文对象的具体数量决定文种 | 74 |
| 3.3.4 问题究竟出在哪里 | 74 |
| 3.4 巧构思，做好布局与衔接 | 76 |
| 3.4.1 结构布局的种类 | 76 |
| 3.4.2 内容布局的种类 | 77 |
| 3.4.3 做好段落衔接 | 78 |
| 3.4.4 加强关照和呼应 | 79 |
| 3.5 提炼事实论据，融会观点和主题 | 80 |
| 3.5.1 真实准确 | 81 |

| | | |
|---|---|---|
| 3.5.2 | 典型切题 | 82 |
| **3.6** | **引用理论依据提升思想境界** | **84** |
| 3.6.1 | 理论的融会贯通 | 84 |
| 3.6.2 | 依据的得体使用 | 85 |
| 3.6.3 | 语言风格的统一性 | 86 |
| **3.7** | **文章不厌千回改** | **87** |
| 3.7.1 | 内容修改的出发点 | 88 |
| 3.7.2 | 从多方面入手修改 | 90 |
| **3.8** | **用好语言调色板** | **91** |
| 3.8.1 | 善用规范性用语 | 91 |
| 3.8.2 | 用好简缩语和模糊语 | 92 |
| 3.8.3 | 努力对语言进行润色 | 93 |

# 第4章 讲话稿：让领导讲话更有底气 · 95

| | | |
|---|---|---|
| **4.1** | **代上位者立言** | **96** |
| 4.1.1 | 写好讲话稿的价值 | 96 |
| 4.1.2 | 既要有我，也要无我 | 97 |
| 4.1.3 | 讲话稿写作的原则 | 98 |
| **4.2** | **读懂领导的心思** | **99** |
| 4.2.1 | 全面透彻了解领导意图 | 100 |
| 4.2.2 | 从不同角度把握思路 | 103 |
| **4.3** | **有观点才能有分量** | **104** |
| 4.3.1 | 观点的正确排列 | 104 |
| 4.3.2 | 找准观点的角度 | 106 |
| 4.3.3 | 对观点深度概括 | 107 |

| 4.3.4 弄清观点的参照体系 | 107 |

### 4.4 提纲挈领打造完美讲话 — 108

| 4.4.1 写好全局性开头语 | 108 |
| 4.4.2 认识主体展开方式 | 109 |
| 4.4.3 结尾再次升华 | 109 |
| 4.4.4 小标题制作方法 | 110 |
| 4.4.5 编制二级提纲 | 111 |
| 4.4.6 巧妙设置关键词 | 112 |

### 4.5 开头话语是亮点 — 112

| 4.5.1 开头语的常见错误 | 113 |
| 4.5.2 开头语任务之一：吸引注意力 | 113 |
| 4.5.3 开头语任务之二：预示讲话内容 | 115 |

### 4.6 用总结归纳收束 — 117

| 4.6.1 用预测未来收束 | 117 |
| 4.6.2 用号召鼓动收束 | 118 |
| 4.6.3 用自然方法收束 | 118 |
| 4.6.4 避免结尾段落的问题 | 119 |

### 4.7 有口号也要有针对性 — 120

| 4.7.1 以场合为讲话稿分类 | 121 |
| 4.7.2 捕捉领导意图的来源 | 122 |
| 4.7.3 了解群众的想法 | 123 |
| 4.7.4 从旧主题找到新意 | 124 |

### 4.8 别总让讲话单线化 — 124

| 4.8.1 单线和复线讲话稿的对比 | 125 |
| 4.8.2 讲话内容应创新 | 127 |
| 4.8.3 讲话语句应明确 | 128 |

| 4.8.4 | 从实际工作中厘清复线 | 129 |

# 第5章 调研文：民间疾苦笔下来·131

| 5.1 | 设定目的并主动研究 | 132 |
| --- | --- | --- |
| 5.1.1 | 调研与调查 | 132 |
| 5.1.2 | 调研报告的主动性 | 132 |
| 5.1.3 | 调研目标应凸显 | 133 |
| 5.2 | 选题好，调研成功一半 | 135 |
| 5.2.1 | 从上级战略决策中获得选题 | 135 |
| 5.2.2 | 从先进经验和做法中获得选题 | 137 |
| 5.2.3 | 从工作焦点中获得选题 | 137 |
| 5.3 | 让"调"和"研"互补 | 139 |
| 5.3.1 | 充分调研准备 | 139 |
| 5.3.2 | 拟写调研提纲 | 140 |
| 5.3.3 | 具体展开调查 | 141 |
| 5.3.4 | 研究之后才能动笔 | 142 |
| 5.4 | 标题是调研之魂 | 143 |
| 5.4.1 | 调研报告标题类型 | 143 |
| 5.4.2 | 直截了当式标题法 | 144 |
| 5.4.3 | 区分层次式标题法 | 144 |
| 5.4.4 | 大信息量式标题法 | 145 |
| 5.4.5 | 小标题的制作方法 | 146 |
| 5.5 | 写对格式　写出价值 | 147 |
| 5.5.1 | 导语写作内容 | 148 |
| 5.5.2 | 交代情况式导语 | 148 |

| | | |
|---|---|---|
| 5.5.3 | 直奔主题式导语 | 149 |
| 5.5.4 | 结论描述式导语 | 149 |
| 5.5.5 | 调研正文内容分类 | 150 |
| 5.5.6 | 调研正文写作原则 | 152 |
| **5.6** | **让调研更好地为决策服务** | **153** |
| 5.6.1 | 和战略性联系要紧密 | 154 |
| 5.6.2 | 有更强的实用性和操作性 | 155 |
| 5.6.3 | 有更为周密的严谨性 | 156 |
| 5.6.4 | 有更为积极的时效性 | 157 |
| **5.7** | **离不开数字的调研文** | **157** |
| 5.7.1 | 以数字表达主题 | 158 |
| 5.7.2 | 以数字表现精确 | 159 |
| 5.7.3 | 以数字构造系统 | 160 |
| **5.8** | **画龙点睛 升华之路** | **161** |
| 5.8.1 | 学术性调研报告 | 162 |
| 5.8.2 | 导言的升华 | 163 |
| 5.8.3 | 研究方法的升华 | 163 |
| 5.8.4 | 研究结论的升华 | 164 |
| 5.8.5 | 参考文献的升华 | 165 |

# 第6章 总结文：总结好才能被认可 · 167

| | | |
|---|---|---|
| **6.1** | **工作总结并非鸡肋** | **168** |
| 6.1.1 | 总结的实践性特点 | 168 |
| 6.1.2 | 总结的目的性特点 | 169 |
| 6.1.3 | 总结的理论性特点 | 170 |
| 6.1.4 | 总结的群众性特点 | 170 |

| | | |
|---|---|---|
| 6.1.5 | 总结的意义 | 171 |

## 6.2 不同内容的同一呈现 — 172

| | | |
|---|---|---|
| 6.2.1 | 对情况进行总结 | 172 |
| 6.2.2 | 对做法进行总结 | 172 |
| 6.2.3 | 对经验进行总结 | 173 |
| 6.2.4 | 对问题进行总结 | 174 |
| 6.2.5 | 对意见进行总结 | 175 |

## 6.3 有点有面的全面总结 — 175

| | | |
|---|---|---|
| 6.3.1 | 全面总结的标题 | 176 |
| 6.3.2 | 全面总结的开篇 | 177 |
| 6.3.3 | 全面总结的主体 | 177 |
| 6.3.4 | 点面结合写好全面总结 | 178 |

## 6.4 充分主动说"专题" — 180

| | | |
|---|---|---|
| 6.4.1 | 专题总结的开头 | 180 |
| 6.4.2 | 专题总结的主体 | 181 |
| 6.4.3 | 顺序排列式主体 | 181 |
| 6.4.4 | 因果关系式主体 | 182 |
| 6.4.5 | 成效-原因式主体 | 183 |

## 6.5 一切都是为了实践 — 185

| | | |
|---|---|---|
| 6.5.1 | 实事求是写作 | 185 |
| 6.5.2 | 拓宽渠道去搜集材料 | 186 |
| 6.5.3 | 比对分析研究材料 | 187 |

## 6.6 让述职总结抓人眼球 — 188

| | | |
|---|---|---|
| 6.6.1 | 岗位职责部分 | 189 |
| 6.6.2 | 指导思想部分 | 189 |
| 6.6.3 | 主要工作部分 | 190 |

| | | |
|---|---|---|
| 6.6.4 | 经验教训部分 | 191 |
| 6.6.5 | 述职总结的写作技巧 | 191 |
| **6.7** | **修改才能打造亮点** | **192** |
| 6.7.1 | 改动套话空话 | 193 |
| 6.7.2 | 改动拖沓文字 | 194 |
| 6.7.3 | 改动层次关系 | 194 |
| 6.7.4 | 总结的修改重点 | 195 |
| **6.8** | **突破才是好总结** | **196** |
| 6.8.1 | 创新式突破 | 197 |
| 6.8.2 | 生动式突破 | 198 |
| 6.8.3 | 精练式突破 | 198 |

## 第7章 简报：信息时代的写作 · 201

| | | |
|---|---|---|
| **7.1** | **文章小分量不小** | **202** |
| 7.1.1 | 简报速度必须快 | 203 |
| 7.1.2 | 简报内容必须新 | 203 |
| 7.1.3 | 简报必须简实结合 | 203 |
| **7.2** | **信息脱颖而出的秘诀** | **205** |
| 7.2.1 | 信息的政策性 | 205 |
| 7.2.2 | 信息的广泛性 | 206 |
| 7.2.3 | 信息的权威性 | 207 |
| 7.2.4 | 信息写作的原则 | 208 |
| **7.3** | **从四大要素切入** | **209** |
| 7.3.1 | 简报信息的内容分类 | 209 |
| 7.3.2 | 简报信息的结构特点 | 210 |
| 7.3.3 | 简报信息的反映角度 | 211 |

7.3.4 简报信息的表现能力　　212

## 7.4 标题是眼睛　　213

7.4.1 用最少文字表达最大信息量　　213

7.4.2 简报信息标题的类型　　214

7.4.3 简报信息标题的问题　　215

## 7.5 看准对象写简报　　216

7.5.1 因对象而产生的选材不同　　216

7.5.2 向政府部门发布的简报信息更为细致　　218

7.5.3 简报信息写作在于日常的准备工作　　219

## 7.6 让采用率越来越高　　220

7.6.1 组稿工作三大环节　　220

7.6.2 修改工作三大步骤　　222

## 7.7 会报喜更要会报忧　　223

7.7.1 报忧和报喜同样重要　　224

7.7.2 报忧信息的写作注意事项　　225

## 7.8 在大环境中找契合　　226

7.8.1 简报信息应折射大环境　　226

7.8.2 文件改编法体现大环境　　227

7.8.3 追求不同点体现大环境　　228

# 第8章 日常写作展现能力·231

## 8.1 指挥类公文　　232

8.1.1 命令的写作　　232

8.1.2 决定的写作　　233

## 8.2 指示类公文　　235

8.2.1 批复的写作　　235

| | | |
|---|---|---|
| 8.2.2 | 意见的写作 | 236 |
| **8.3** | **报请类公文** | **238** |
| 8.3.1 | 报告的写作 | 238 |
| 8.3.2 | 请示的写作 | 239 |
| **8.4** | **知照类公文** | **242** |
| 8.4.1 | 知照类公文特点 | 242 |
| 8.4.2 | 通知和通告的不同点 | 243 |
| 8.4.3 | 知照类公文的主体类型 | 245 |
| **8.5** | **规章类公文** | **246** |
| 8.5.1 | 规章类公文的特点 | 246 |
| 8.5.2 | 规章公文的分类 | 248 |
| **8.6** | **计划类公文** | **249** |
| 8.6.1 | 计划类公文的特点 | 249 |
| 8.6.2 | 计划类公文的分类 | 250 |
| 8.6.3 | 计划类公文写作原则 | 251 |
| **8.7** | **会议类公文** | **254** |
| 8.7.1 | 会议类公文的特点 | 254 |
| 8.7.2 | 会议纪要的写作 | 254 |
| **8.8** | **礼仪类公文** | **257** |
| 8.8.1 | 欢迎致辞的写作 | 258 |
| 8.8.2 | 掌握出席者情况 | 259 |
| 8.8.3 | 语言雅致而明白 | 259 |
| 8.8.4 | 篇幅长短适当 | 260 |
| 8.8.5 | 加强文字形象性 | 260 |
| **参考文献** | | **261** |

# 第1章

# 从了解公文开始

从成为公务员的那一天起,相信写作者就已经将事业发展的希望寄托于日常工作中。然而,基层公务员工作是规律化的、程式化的,会逐渐让写作者感到琐碎和平淡。在这样的环境中,写作者需要抓住机会提升和表现自己,"公文写作"正是一种好方式。

## 1.1 认识公文写作

很多人在成为公务员之前,可能并不清楚什么是命令、什么是通知,那时只要提到写作,写作者想到的大概只有散文、小说、剧本……但是,在成为公务员之后,公文写作的概念必须尽快建立起来。

### 1.1.1 公文写作的意义和价值

从公务员的工作环境来看,公文对政府机关和部门显得越来越重要。公文由党政机关依法写作和发布,体现的是公信力、影响力、领导力和执行力。公文写作要求做到"一字不可易",实际上并不算苛刻。因为公文中的任何细节,都有可能影响到下级对文章精神的广泛理解,改变最终执行的效果。尤其在这样的信息时代,互联网传播的速度和范围超过以往任何一种载体,公文写不好,不仅影响部门的脸面,还有可能影响部门整体形象和领导前途。

从公务员自身来看,公文写作犹如装饰良禽的美丽羽毛,反映一个人的综合素质与全面能力。在日常工作中,普通公务员要想展现自己的丰翼,除了要努力工作,更要通过提高自身写作公文的质量,提升部门和领导的美誉度,传播机关的工作指导精神,推动公务活动的有效开展和处理。当公文质量因写作者的努力而持续提高之后,其个人能力也会展现得淋漓尽致。同样,领导不可能对每个公务员一一当面考察了解,通过文字展现自己的优点并得到青睐也是公务员个人发展的重要途径。

我国第二代中央领导核心邓小平同志,就是公文写作的高手。据历史记载,在解放战争时期和新中国刚刚成立时,机关设立在重庆的中央西南局由邓小平担任第一书记。当时,他交给中共中央的工作报告经常被毛泽东批示为"内容极好""极为宝贵""非常好"这样的赞语,毛泽东更是以形象的话语表现出对其报告的喜爱:"看邓小平的报告,好像吃冰糖葫芦。"

有人总结过邓小平公文写作的特点,首先是目的与主题明确,能够紧扣主题,清楚地表达毛泽东和党中央想了解的内容;其次是请示语言精简而朴实,可谓"字字珠玑",他的公文报告大都只有一两千字,做到了有话则长、无话则短;最后,邓小平的公文符合实际而切实可行。

## 1.1.2 通用公文

虽然已进入21世纪,公文依然是行政机构办公中不可或缺的工具,公务员绝大部分的写作内容都是公文。因此,要成为公务员队伍中的佼佼者,就需要能写公文、会写公文,而"公文是什么"更是写作者先要回答的问题。

公文,是行政实用文体的简称,顾名思义,是指行政机关在履行公务时需要完成的书面材料。公务员在日常工作中接触到的大量书面材料,都属于公文的范畴。公文不是反映个人意志或者抒发个人感情的,而是党组织、国家机关、企事业单位、团体和学校等机构在各种活动中宣传与传达、指导、报告和商洽事务所需要使用的文字工具。

从广义上来看,公文包括了专用公文、通用公文和常用公文。

专用公文,指不同的行政业务部门在完成自身业务时,根据特殊需要专门使用的文字材料。例如,公安部门的笔录、质量监管部门的检验记录等。由于专用公文属于专门业务工具,因此不在本书的范围内。

如果说专用公文是专门业务公务员的"利器",那么通用公文写作,更是所有新时代公务员应该普遍掌握的文字能力。所谓的通用公文,其体系来自于2012年7月1日开始施行的《党政机关公文处理工作条例》。该条例由中共中央办公厅与国务院办公厅于2012年4月16日发布，其中规定了14个文种构成特定行政公文，包括命令、决定、公告、公报、通告、通知、通报、议案、报告、请示、批复、意见、函和纪要。

如《关于××××等同志任职的通知》《关于×××问题的请示》等，均属于14种通用公文。而《××市××区人民法院民事判决书》则属于专用公文。

通用公文的14个文种，是行政公文中最常用也最重要的内容。在当今，不熟悉这些文种，公务员尤其是年轻公务员，恐怕连胜任工作的水平都难以达到，可见通用公文的重要性。可以说，做好这14类公文的文章，公务员就可以算得上"能写"者了，在现有岗位上，也因此能担得起"称职勤勉"这四个字。

### 1.1.3 常用公文

除了通用公文，行政机关还会经常运用到其他文种。这些文种并不在条例规定中，但会经常出现在公务员日常工作中，其频率很可能远远大于其他公文，这种日常性公文被称为常用公文或事务性公文。例如，规范性文件、计划性文件、会务性文件、总结性文件、调研性文件、交际性文件等。

常用公文并不能独立正式地形成文件，即使其放在文件中也是作为附件形式出现的。但千万不要因此低估常用公文的价值。同局外人想象的恰恰相反，公务员"能写"的很多，但算不算"会写"、能不能依靠笔杆子在领导心中留下印象、在同事眼中成为能者、在群众心里有分量，更多来自于这些常用公文的写作水平。

《南方周末》曾经报道过领导讲话稿写作的情况。报道称，一般人都以为领导讲话稿必然是秘书写，但事情并非如此。比如，国务院部委层面，讲话稿都是研究室来承担，办公厅并不负责编写；在省市一级，讲话稿则都是办公室人员负责起草。

一位中央部委官员说，他所在部委办公厅的主要职责是"办文、办会、办事"，不负责起草讲话稿。省市的情况则不同，例如市级领导的讲话稿都由办公室负责起草，专业性会议如果需要领导讲话，讲话稿都会由专业对口部门先写，再由办公室人员负责把关和修改。如果涉及综合性会议，比如经济工作会议、季度分析会等，则由不同部门提供素材，并由办公室直接起草。

正是因为常用公文的"常用"，所以容易在表面上平淡无奇的日常工作中时不时为岗位增添一抹亮色、为领导带来一份惊喜，也就很容易为自己带来良好的工作形象，打开通向未来成功的神奇大门。

总之，无论是通用公文还是常用公文，公务员在日常的行政管理工作中都会或多或少地接触和使用。能够熟练掌握其写法，进而写好这些公文，将决定写作者在同事和领导眼中的价值与地位，并很可能最终改变自身的职业轨迹。

## 1.2 公文的基本特点

公元825年，刘禹锡因为参加"永贞革新"失败，被贬任为安徽和州县通判。知县看他是被贬至此，将他原本应为三间三厢的官邸安排成小小斗室，只能容得下一床、一桌、一椅。刘禹锡并不为此介怀，反而写下"无丝竹之乱耳，无案牍之劳形"的名篇——《陋室铭》。

"案牍"为什么会"劳形"？这是由"案牍"的特点所决定的。公文在中国历史上起源久远，最早可以追溯到殷商时期，发展到刘禹锡所在的唐代，已经形成特点鲜明、体系严格的公文系统，其种类有十三种，包括避讳制度、用纸制度、运转制度、拟制誊写制度、贴黄（附件）制度、签押用印制度、封装编号制度、收发登记催办制度、移交和保密制度等。

由于公文有这么多严格的规定，诗人出身的刘禹锡觉得应付起来实在劳累，也就情有可原了。但作为当今的公务员，不是唐代诗人，接受公文的相关特点，才能从"劳形"走向轻松自如，最终写得一手优秀的公文。

### 1.2.1 公文的法定性

与在微信、贴吧或者论坛上看到的文字不同，公文作者有其法定性。

普通文章的作者具有随机性，任何人只要有写作的愿望和动机，都可以进行写作，写出来的作品究竟能不能发表、出版，则是由市场和读者加以判定的。但行政公文不同，其作者不能是个人，只能由党政机关中的不同部门按照法定程序写作、发表。

公文这一特点，受到相关法律的保护。《刑法》第二百八十条规定，对于伪造国家行政机关公文的，要依法追究刑事责任。

2014年10月11日，海南省赵某在自家电脑中"写作"公文，然后利用电子印章加盖于落款处。之后，他将自己伪造的公文，通过租用的线路传真到当地各市县（区）党政机关，要求这些机关征订相关书籍，企图借此牟利。

结果，赵某在两个月后被抓获并锒铛入狱。

可见，公文不是一般人想写就能写的，只有在相应位置上履行了相应的合法手续，才能成为公文的实际写作者。

值得一提的是，公文的阅读和执行，同样并非任何人都可以担当，其行文对象要按照公文自身的需求、功用决定。

### 1.2.2 公文的规范性

"无规矩不成方圆"。任何一个国家的公文都有其应有的规范性，这种规范来源于历史、文化和传统，作用却是为了解决现实问题。我国的公文同样不例外。

我国公文，是党和国家行政机关的工作手段和工具，是为了行使具体事务而制定的。如果缺乏一定规范性，就会导致公文的写作与处理陷入随意化，无法准确表达各级行政机关的意志。正因如此，从公文起草到成文，再到收发、传递、执行、归档等不同环节，都有相应的规章制度。不仅如此，从文体、结构再到用纸尺寸、字体规格、文件标记等都有其必要的规定。

> 某单位某文件标题为：关于印发《××单位公务员信息技术应用能力培训三年规划》的通知。从规范上来看，文件标题不应使用任何标点符号，应改为：关于印发××单位公务员信息技术应用能力培训三年规划的通知。

在公文写作要求中，有着大量类似的规范即固定格式，写作者不可随意变动或标新立异。只有让公文"标准化"，才能确保公文的处理和执行能够更加准确、及时、有效、科学。否则，将直接影响到公文传递意图和效率。

### 1.2.3　公文的真实性和权威性

公文所包含的内容，应该是真实存在的。这种真实有两层含义：首先是指公文所依据和引用的材料与数据，必须和真实情况没有出入，不能有虚假、错漏的地方；其次是公文所传达的方针政策也需要从客观实际出发而拟定。当公文具备了真实性之后，它所代表的法定权威性才能得以彰显。

前苏联第一代领导人列宁，对于公文的真实性非常重视。他无论是写作还是阅读公文，都建立在对统计材料的充分研究和整理上。在他的笔记本中，仔细列出了许多详细的统计表，尤其是具有重大意义或者分量的数字表。他会对已经公布的数字表重新加以检查，核对每一项事实和每一个数字。正如同他的妻子克卢普斯卡娅所说，虽然列宁的记忆力很好，但他并不依赖自己的记忆去大致地叙述事实，他叙述的事实总是非常准确的。

不经过和事实对比甚至歪曲编造事实的公文，显然是极为有害的。无论对于行政机关整体工作，还是对于文章写作者个人的形象，都会形成严重的破坏力，必须要严加避免。

### 1.2.4　公文的时间性和时效性

公文是行政工作的工具，是解决问题的手段。因此，不同的公文具有不同的目标和职能。围绕公文来处理问题时，要求做到的是迅速及时。这一点要求写作和处理公文时，公务员必须要有充分的时间观念，能够注意到时间性和时效性。尤其是时效性，如果文中没有明确规定的公文生效时间，就应该直接以机关负责人对公文的签发日期作为生效时间。

### 1.2.5 公文处理程序的规范性

公文的写作和处理，是公务员行政管理工作的一部分。除了写作，如何处理公文、处理质量的好坏，也会直接关系到人民群众的利益、部门的利益、国家的利益。因此，公文在写作和处理过程中，必须依照法定依据，才能确保工作正确完成。

2008年，D市根据国家教育部相关文件规定，招聘74名特岗教师，在3年服务期结束后，其中考核合格并愿意继续留任的可以转入地方编制管理。在办理相关入编手续过程中，该市政府办秘书组组长刘某将本应批复的上报文件遗失，造成教师入编延误半年，并造成不良社会影响。

为严明纪律，该市纪委严肃查处了这一事件，对刘某给出全市通报批评的处罚。

刘某未能严格遵守公文的处理程序，造成严重后果，这样的案例应引以为戒，也让我们更清楚地认识到公文的规范性这一特点。

掌握公文的特点，是为了抓住公文写作的独特之处，只有将这样的特点烂熟于心，写作者写出的公文才能反映其本质属性，体现应有的特色。

## 1.3 为公文分类

按照不同标准，公文可以划分为不同种类。不同种类的公文有着不同的适用范围，解决不同的问题，从而产生不同的作用。公务员要娴熟地写出优秀的公文，不仅应该明确这些种类的区别，还应该从不同角度去认识和理解这些种类的划分方法。

## 1.3.1 公文的涉密程度

公文的涉密程度按涉及国家机密的程度来划分，可以分为下面三种：

公布性公文。这种公文不涉及国家机密，能够对外直接公开发布。例如公告、通告等，都属于该种公文。又根据公开范围，分为国内公开公文和国外公开公文两种。

内部公文。该种公文内容不涉及国家机密，但由于客观原因不适宜直接对外公开，而是应该在单位内部进行阅读、执行。例如通报、通知等。

机密性公文。根据密级的不同又分为秘密公文、机密公文和绝密公文。这些公文涉及不同重要程度的国家秘密，公务员在写作或阅读、执行中都绝不应泄露。

## 1.3.2 公文的行文方向

上行文，指向直接领导的上级机关报送的公文。例如报告、请示等。

平行文，指向同一组织系统中的同级机关，或非同一组织系统的任何机关发送的公文，主要形式是函。

下行文，指向所属的接受领导和指导的机关发送的公文，命令、决定、公告、通告、通知、通报、批复和意见等都属于这种公文。

下面是同一件事情、三种不同行文方向的公文：

**××市人事局关于举行全市事业单位干部培训的请示**

市政府：

为贯彻市委市政府关于加强干部培训的精神，执行我市事业单位干部队伍培训年度计划,拟于6月1日—7月1日的每周双休日,在××中学举行对全市事业单位干部的培训……(中略)上述培训计划是否可执行,请批示。

特此请示。

××市人事局

**××市人事局关于借用教室的函**

××中学:

我局将于近日开展对事业单位干部培训工作,因培训人员较多、场地困难,想向贵校借用教室。时间为6月1日—7月1日的每周双休日,每天上午8时—下午6时,教室数目为8间。上完课后,我局将安排工作人员打扫卫生,水电等费用将如数支付。此次培训关系到提升全市事业单位在职人员的素质,希望能得到贵校的支持。

是否同意,请在研究后及时回复。

××市人事局

**··××市人民政府关于举行全市事业单位干部培训的批复**

人事局:

你局《关于举行全市事业单位干部培训的请示》已收悉,经市人民政府第×次常务会议研究,现批复如下:

同意进行本次培训。

培训要求(略)

××市人民政府

可见,公文行文分类并非单纯指出方向,事实上对公文的写作方法、具体内容和格式规范也做出了对应的分类。

### 1.3.3 公文的内容性质

按内容性质可以将公文分为下面几种：

指挥、指示性公文，即上级组织对下级组织进行工作上的领导和指导所使用的公文，具体包括决议、命令、决定、批复、指示性通知、会议精神纪要等。

报请性公文，即公文主要由下而上进行工作的请示、汇报，提出意见和建议，包括请示、报告、意见、总结、汇报等。

奖惩性公文，是上级组织对下级组织或个人进行表彰、惩处所使用的公文，包括命令、决定、通报等。

知照性公文，是机关部门需要发布告知相关事项而运用的公文，其中包括公报、公告、通知、通告、情况通报、告知性函等。

会议性公文，主要是指会议纪要，用于对会议精神的记载和传达的公文。

礼仪性公文，主要是指迎送致词等适用于公关礼仪场合的公文。

按照公文来源，可以分为对外、收到和内部三种文件。

对外文件，是指本机关部门拟定的需要向外部传递发出的文件。

收到文件，则是指外部机关拟定的向本机关发送的文件。

内部文件，是指由本机关写作制发并在内部进行使用的文件。

对公文的分类，虽然是公文写作者只需稍加留意的基础知识，但有实际工作经验的人都会有同感，在机关单位中，公文写作者实际上不可能只写一两种公文，而是会经常写作并使用不同种类的公文。面对众多形式的公务文书，如果不积极分类，那么无论在撰写还是办理上，写作者都会感到难以理清层次。反之，在积极分类后，写作工作就会显得条理清楚、井然有序。

通过对公文加以分类，公务员能够对不同种类公文的概念、用途、特点、结构和写作方法都有深刻的认识与理解。同时，在积极分类之后，公务员对不同类型的公文会有整体上的区分，对各自不同的基本特征、格式和要求也会熟练掌握。

## 1.4 不同场合不同作用

行政公文之所以是国家各个级别行政机关的公务工具，原因在于文字写作的功能性。当文字经过写作者的组合而形成公文之后，就能适用公务中不同场合的活动，并发挥其应有的作用。

行政机关的公务活动，分为政务和事务两大方面。但无论是政务还是事务，行政公文运行的全过程，都是整个行政机关活动的重要部分，具有最直接的应用性。

在下面的场合中，不同的公文分别具有不同特点，并发挥不同作用。

### 1.4.1 规范和约束

行政机关的工作是公共管理与服务，但不论是管理还是服务，都需要和社会以及具体的人打交道。这就要求行政机关能抓住不同时期的要求，不断列出可以约束个人或组织的规范。

由于有这样的要求，一些行政公文如命令、决定、通告、意见和通知等才能够积极发挥作用。这些公文虽然并不具备法律文件的地位，但在适用的范围内依然具有规范性和约束性的作用。

××市人大通过关于加强食品安全监管的决定

××市第×届人民代表大会常务委员会第××次会议听取了市人民政府《关于我市食品安全工作情况的报告》。（下略）

根据《国务院关于进一步加强食品安全工作的决定》，结合我市实际情况，特作如下决定：

（下略）

这是通过人大发布的决定，来对政府工作部门起到规范和约束的作用。

### 1.4.2 领导和指导

这是行政公文最主要运用的场合。由于不同的国家行政机关都要在各自工作职权范围内承担组织、指挥和管理公务的职责，在这些场合中，行政机关需要通过发布行政公文来自上而下实施方针、政策、指示和决定等，确保下级机关接受工作上的领导和指导。因此，当需要对下级机关的工作进行原则性和规范性要求时，决议、批复、意见等公文就有了用武之地。

××市人民政府关于加强城市规划建设工作的意见

各县（区）人民政府，市政府各部门：

为了统筹城市发展，加快融入地区经济，更好地体现地域特征、民族特色和时代风貌，促进城市经济社会全面协调发展，现就加强我市城市规划建设工作提出如下意见：

（下略）

这是通过人民政府发布的决定，来对下级工作部门起到领导和指导的作用。

### 1.4.3 联系和交流

由于不同的行政机关在工作活动上不可能完全独立，而是存在着不同部门之间的横向联系、上下级部门之间的纵向联系,因此,公文在这样的场合下承担了联系和交流的纽带作用,能够推动不同行政机关之间的积极沟通,形成有机协调运作的交流网络,从而推动公务活动深入开展。在类似这样的场合中,函、通知、请示、报告、汇报等公文相当适用。

**××市环保局关于治理××河水质污染问题的报告**

××市人民政府:

市政府转来关于×××等人大代表提出的关于××河水质污染状况的报告现已接收。经研究,对报告中提出的有关问题及解决方案报告如下:

(下略)

环保局通过向上级政府提出报告,形成联系和交流的桥梁。

### 1.4.4 宣传和教育

行政机构进行政务的管理,需要通过组织系统来将自身的工作意图传播下去,落实贯彻到下级机关和单位。为此,可以采取不同的公文形式作为宣传教育的载体。这种载体并不一定都是正式的通用公文,也可以是常用公文。例如,领导讲话稿的宣传教育效果,在很多情况下比通告、通知这样的公文效果会更大、更直接。

在宣传教育的场合中,公文承担较为特殊的教育作用。相比其他作用,这一作用对写作者提出的要求更高。因为宣传教育看重的是实际效果,并非文章表面的"精彩"与否。

2014年,广州市出台《市政府系统全市性会议(活动)若干规定》。该规定要求召集会议的市领导,在会议上的讲话一般不应超过50

分钟，字数应该限制在8000字以内，活动的礼节致辞也应该控制在10分钟内。

这样的规定，对讲话稿的写作者提出了更加严格的要求，但从另一个侧面也让公文的宣传教育功能得到充分表现。

### 1.4.5 依据和证明

行政机关进行公务活动，不仅需要传达意图和联系公务，同时需要具备应有的凭证和依据手续。这是因为不同的公文传递了不同制作者的意图，而发文方是否传递了意图、收文方是否贯彻意图，公文可以作为相应的真实记录和有效凭证。

例如，《关于机关事业单位工作人员养老保险制度改革的决定》中规定，"本决定适用于按照公务员法管理的单位、参照公务员法管理的机关（单位）、事业单位及其编制内的工作人员。"

这样的公文，就起到了限定具体操作范围和内容的作用，其文字也是实际的依据和证明。

这也是为什么绝大多数行政公文在发挥了应有作用之后，都将转为档案备考，因为其具有重要的记载和查考意义。在这种场合中，公文的凭证作用就更为突出了。

行政公文，在不同场合具有不同的作用。值得注意的是，这些场合并非相互孤立存在，而是能够有效融合的。大多数行政公文，往往在一篇文字内需要同时包括几个方面的作用。这就更需要写作者对内容加以把握、准确体现。

## 1.5 从稿本到文本

稿本和文本，实际上都是公文在不同写作环节时的不同名称。同一篇公文，在其撰稿、审核、修改和印制过程中，无论是形式还是内容都有所不同，也有着不同的作用。其中，稿本主要是指公文在正本没有印制之前的形式，主要是草稿，也包括修改稿和讨论稿等。文本则是指已经正式印制的公文稿本，包括正本、副本、修订本和试行本等。

### 1.5.1 公文的草稿

1956年9月，在党的第八次全国代表大会上，毛主席致开幕词。起初，开幕词的初稿由毛泽东同志本人草拟，但在稿本完成之后，他自己很不满意，于是便请自己的秘书在其基础上重写一篇，并特意嘱咐说："不要写得太长，有个稿子带在口袋里，我就放心了。"此时，距离开会只有几天了。眼看时间紧迫，但这位年轻的秘书毫无顾虑，他将文章从内容到文字都做了大幅度修改，毛泽东审阅之后感到比较满意，又送给中央书记处的刘少奇、周恩来、朱德、陈云和其他领导同志修改定稿。最终，全文短短三千余字，却写得神采飞扬而气势不凡。开幕大会结束之后，参加大会的许多代表都认为开幕词写得好。毛泽东同志则用极其称赞的口吻告诉大家："开幕词是谁写的？是个年轻秀才写的，此人是田家英。"

田家英能够写好开幕词，原因之一是他对开幕词从稿本到文本的写作程序有着深入的了解，因此能够在短时间内就写出令毛泽东赞赏的公文。

稿本中最初的草稿，是公文最初完成写作之后的原始稿件。这种稿件尚未定型，只是文件撰写修改的基础。通常，草稿无论是内容还是形式都比较粗糙，必须进行修改、讨论并最终审批。公文写作承办人负责起草文件。因此,最初的草稿应该是写作者做出的唯一"作品"。之后,再根据修改的先后顺序,分成初稿、二稿、三稿……如果按照内容的性质,则分为修改稿、讨论稿和征求意见稿等。

通常来说,公文的草稿并不需要特意保存,当定稿形成之后,之前的多次草稿应该加以销毁,不需要进行立卷归档。当然,如果写作的是重要公文,其草稿也应该加以搜集,并同定稿与正本一起加以保存。因为这样的草稿,能够翔实、客观和准确地反映公文中重要政策与思想的形成过程。

当草稿修改完毕之后,正本也就产生了。公文正本并非只是指文字修改到位而已,而是具有了法定效力,能够让收文者真正依据执行。因此,公文正本不仅是内容上的定稿,还要具备标准公文格式,并有领导签署和单位用印。这样,公文才具备应有的真实性、权威性、合法性。

### 1.5.2 公文的副本和存本

与许多文章一样,优秀的公文来自于写作者按照程序进行的修改。即使是类似于田家英这样的"笔杆子",其经验也来自于无数个长夜通宵反复修改过程的积累。因此,想要写好公文,必须要懂得公文从稿本到文本的含义。当公文产生后,副本即抄本通常也随之产生。副本是正本的副件,即形式上的复制本。通过副本,可以提供给主要收件人之外的部门进行参考、查阅。通过这样的形式,能够让多个部门、多个负责人传阅文件,从而提高执行的效率。当然,发文机关自身也可以留存若干副本备用。

值得注意的是,副本虽然在形式上和正本几乎毫无差别,但副本终究是复印件,并不能完全体现公文全部特征。例如,副本上的印章或领导的签名为复制印记。因此,副本并不具备正式公文的法定效用,只是作为参考文件备查使用。

存本，则是指本机关留存的印制文件。存本也是备用查考的公文，通常有一份正本存本，作为立卷归档使用，其余的则是副本。

### 1.5.3 公文的核稿步骤

在公文从稿本到文本的过程中，写作固然重要，但核稿也尤其重要。核稿工作通常由业务部门或者专业秘书担任，考虑到实际情况，工作经验丰富的写作者，也应该很好地了解核稿工作。通过核稿工作，能够及时发现文稿中的问题，并及时加以修正，从而提高文件质量。

下面是笔者听说过的一个真实事件：

记得有一次，我市某领导同志的秘书和我交流，说某天晚上10点多，市委办公室给他打电话，请他回市政府签收办理一份限时文件，并马上呈报领导同志。尽管累了一天刚刚到家，他还是立即坐夜班车返回市委。当他拆开文件一看，发现这份公文并不是需要立即处理的，而是需要尽快处理，顶多只能算是一个"急"件。他感觉，下级部门在呈报公文时还应注意把握一下"紧急程度"，尤其在核稿过程中需要重视。

可见，核稿不仅对于内容重要，对于公文的处理同样重要，稍有不慎可能影响到其他许多同志。

因此，写作者自身的核稿，主要分为下面几个方面：

首先要查内容，即核查草稿内容是否和党的路线方针政策、国家法律法规以及上级文件相互矛盾，同时要核查草稿内容和本机关的其他规定是否一致。如果写作者发现其中存在不一致的情况，需要及时向领导请示。

其次要查政策，即政策规定范围是否准确。公文中政策适用的界限必须清楚明确。在核稿中，对关于政策范围的字句要尤其重视，防止出现模糊笼统的表达方式，以免收文者在实际执行中无所适从。

再次要查草稿中的措施是否符合实际。通过核稿，写作者应该审查草稿对收文者所提出的要求是否具备充足理由、措施是否适当、期限是否恰当等。

最后还要查草稿中的文字表达是否恰如其分，包括语法逻辑、标点符号、错字漏字等，同时也要看整体语言风格是否准确简明。

任何一篇公文的诞生，都要经过从稿本到文本的过程。在这个过程中，写作者发现的任何问题，都必须及时纠正。这是为整个机关服务的过程，同时也是锻炼写作者公文写作能力的大好机会。

## 1.6 语言要求的方向

公文的语言运用和普通文章的写作有着显著的不同。即使同属公文，通用公文和常用公文也有所不同。一般而言，由于公文有着其法定性、规范性，因此其语言必须具有文风统一的特点，需要公务员在写作实践中很好把握。

公文的语言特点，具体体现在下面四个方面。

### 1.6.1 真切准确

公文的目的性很强，是为了解决实际公务活动所面对的问题而写作，因此必须要有清楚真实的内容，能够同客观实际相符合，不能存在语言上的模糊表述。具体而言，公文写作要求遣词造句都必须做到精确而贴切，不仅要没有语病，更要做到和事实相符合，同逻辑相符合。其中包括公文中涉及的名词、数字、引文、标点符号等，都要做到反复核实、万无一失。

例如，某部门向上级报告工作进展情况的公文中，作者这样写道：

在本次行动中，我部门通过扎实开展工作，取得了显著成效。除了极少数指标尚未完成，我部门已经基本完成了本次综合整治行动方案中要求的各项指标……

这种写法显然不符合上述原则。因为极少数指标到底是指哪些指标、基本完成是指何种完成程度等，都没有明确表示，上级从这样的公文语言中无法真实了解情况继而做出明确指示。

经过修改，正确的写法应该是：

在本次活动中，我部门通过扎实开展工作，取得了显著成效。除了×××、×××等几项指标因为……原因而未能达标，其他指标已经达到本次综合整治行动方案中要求的程度。

### 1.6.2　简洁明快

公文的功能最大程度表现在其实用性功能上，直接揭示主题的文件，能够提高收文者执行的效率。因此，公文语言应该做到开门见山，能够用概括性强的文字语言表达思想主题。同时句子应该以短句为主，做到既要表达丰富的事实和深远的道理，又不会让阅读者感到费解。

来看下面这段公文中的文字：

"梅花香自苦寒来"，要进一步巩固该项工作目前所取得的成绩，将我县×××工作推向新的高潮。

这段文字给人总体感觉有些装腔作势，缺乏平实感，显得浮夸。其问题主要表现在三个方面：首先是不必引用古诗，因为这不是领导的讲话稿，而是面向下级机关的通知；其次是"巩固……成绩"的搭配不尽合理，可以改为"巩固……成效"；最后是作为基层政府机构的工作活动，动辄说"推向新的高潮"显得过于夸大。

经过改动，本段文字可以表述为：

希望各级机关部门能够继续振奋精神、坚决努力，巩固和扩大目前所取得的工作成效，扎实解决×××、×××等群众关心的实际问题，从总体上将××工作继续向前推进。

### 1.6.3 庄重严肃

机关部门通过公文向下级发出的决策和意见，应对收文者起到指导作用，向平级和上级发出的公文，则同样应该庄重严肃。这意味着写作者不能卖弄语言的"深度"和"华美"，而是要在善于运用平易近人的语言同时，还能够充分表达思想内涵，做到深入浅出、通俗易懂。

××市××委在对下级发放的通知中写道：

如有要增加培训人员的部门，望能及时告知我们。如本部门主要领导因工作不能亲自来参加培训，也可以通知其他领导前来参加。

这样的表述，缺乏公文应有的庄重感，过度的口语化也缺乏公文用语所必要的书面性，让人感觉过于直白浅显，犹如平日对话的记录。公文写作在语言上要克服"口头化"倾向，即使是再简单的通知，也有必要将语言、语法和思想加以结合提炼，从而使得公文整体产生既庄重又平实的特点，维护发文部门的形象，也让收文者真正重视公文中的工作。

例子中的语句可以改为：

凡需增加培训人员的部门，请及时联系××告知。如报名部门的主要领导因公无法参加培训，也可由其他领导参加。

### 1.6.4 得体适当

公文的语言不可随心所欲，要符合公文主题和体裁的要求。例如，写作者能够根据发文者和收文者的不同地位、不同职权来选择应有的表述角度和方式，同时能够根据公文要反映的内容选择正确的公文语言。另外，写作者选择的公文语言还要和具体的公文文种、格式、行文关系、文章结构等规范结合。

在××省××局的一份通知中这样写道：

请于×月×日前，将参会人员材料一式两份送至×××办公室。（另，随带参会材料100份交至会务组）。

通知中的这句话看起来很简短，但含有语言不得体、不适当的问题。首先，人员材料指示不明确，显得随心所欲；其次，"另"字直接用即可，不需要运用括号；最后，随带参会材料100份也显得表述随意，其表达内容应为"一式100份"。

在修改完之后，这一通知可改为：

请于×月×日前，上交参加会议人员名单职位材料一式两份至××办公室，报到时请随带参会材料一式100份交至会务组。

## 1.7　格式很重要

名不正则言不顺。公文的外在形式如同事物的"名",反映的是其内在的"实"。由于公文内容特点,决定了其外在形式需要具备应有的规范格式,而这种格式反过来又会对公文本身质量水平和效用起到显著作用。因此,公务员在写作时,必须像重视内容那样重视公文的格式。

公文文件格式的规范化,始终受到党和国家的重视。国家曾经先后多次出台文件格式标准并加以推广。2012年,随着《党政机关公文处理工作条例》发布,根据有关规定出台了《国家机关公文格式》,并于当年7月1日实施。事实证明,2012年的国家标准,在内容上更加科学、实用和完善。公文格式的标准化,能够更为充分地彰显公文的法定、权威和严肃性。如果写作者想要成为公文高手,必须对公文格式了如指掌,从而提高自己处理公文的能力,获得良好的公文工作效率。

正式公文的格式主要指固定的结构,其组成部分包括文头、标题、主送机关、正文、作者、日期、印章或签署、附件及其他标记、抄送机关、注释和印发说明等。

### 1.7.1　文头的注意事项

文头是文件头的简称。文头位于公文首页的顶端,占首页总大小的三分之一左右。其中包括发文机关的标识,如"××市人民政府文件",从而表明是什么单位的文件。通常,这样的文头采用机关全称的大字体标写并套红。

需要指出的是,某些基层政府机关部门的公文,在文头部分的标题中也容易出现错误,即通过标题无法看出公文的具体文种。例如"关于接待德国×××公司总裁访问我局的注意事项",这一标题,看不出来究竟是"函"还是"请示",或者是"通知",可以改为"关于接待德国×××公司总裁访问我局的通知"。

又如"近期××工作的汇报材料",不仅看不出文种,连题意也令人感到费解,可以改为"×××(机构单位名)关于××工作的总结"。

相比这样的低级错误,更为常见的错误是对文种的生造。即使在一些较高级别的地方政府机关部门里,这种现象也时有发生。写作者将某些公文文种混为一谈,强行拼凑在一起,结果显得不伦不类、贻笑大方。例如"关于×××问题的请示报告",显然是张冠李戴,将请示和报告放在一起。或者将机关部门中的常用公文当作机关通用公文,直接套上文头就对外行文,结果红头文件中出现计划、安排、总结、制度、细则等标题,让熟悉公文的人感到匪夷所思。

其实,要解决这样的问题并不困难。在第一种情况下,可以将两个文种中的一种删掉。第二种情况可以用"印发""转发"的标题来解决。

例如,"××市局2014年工作计划",并不适合做正式公文的标题,可以改为《关于转发××市局2014年工作计划的通知》,然后将工作计划作为通知之后的附件进行行文。这样就完全符合公文的格式标准了。

## 1.7.2 发文编号

在发文机关标识的下方,为公文的具体发文编号。编号的作用是便于公文分类登记和归档管理,也能够确保收文者在查阅和执行公文时只需要引用编号即可。发文编号包括发文机关或单位的代字、年份、序号。其中,年份和序号应该使用阿拉伯数字进行标识,年份用全称标明并用六角括号输入,序号则不需要编虚位数,如1号不需要编为001,也不需要加"第"字。

例如,《中共中央办公厅国务院办公厅关于印发〈党政机关公文处理工作条例〉的通知》这份公文采用的发文字号为中办发〔2012〕14号。在实际工作中,一些公文写作者或者审核者,忽略了其中的细节问题。比如将六角括号"〔〕"改为"( )"或"【】"等,导致发文符号的格式错误。

除了发文文号,公文文头还包括紧急程度和秘密等级。前者包括"加急""特急"等,后者包括秘密、机密和绝密三种秘密等级,便于提醒收件部门。

### 1.7.3 公文标题

文头之后为公文标题。和绝大多数文章一样,公文也需要有自身标题,标题关系到一篇公文是否具有合格的精神格调和文章色彩。如果标题能够准确、鲜明并有效地揭示主题,就能让阅读者对文章了解得更加直接,也更有学习和阅读的愿望。

同样,公文的标题也有其固定的格式。通常公文标题由"发文机关+事由+文种"的规则构成。例如《国务院关于取消和调整一批行政审批项目等事项的决定》。有些公文也可以只包括"事由+文种",如《关于加强中国特色新型智库建设的意见》。还有少数公文可以直接由"发文机关+文种"的规则来构成,如《中华人民共和国主席令》。

公文标题下方、正文之上应该顶格书写主送机关的名称,并在其后用冒号加以提示。例如,××市人民政府下行文件,其主送机关为"各区、县人民政府,市政府各委、办、局"。需要注意的是,主送机关的名称通常都应该以全称方式书写,那些平时已经习惯了用简称的部门,尤其应该注意不能写错。

### 1.7.4 印章和附件

在公文正文的最后,应该署上发文机关的全称,并在其后签署发文日期,日期必须要写全,不得省略"年月日"中任何一项。

公文所使用的印章简称为"公章",公章是一个机关权力的代表。在公文中,凡是有发文机关署名的,都应该加盖发文机关的印章,并做到印章和机关署名相符合。某些文件如命令等,除了盖上印章,还需要负责人在正式公文的落款处署名。

另外,附件的作用是解释、说明公文正文或提供补充、参考等资料。附件本身相对独立,但它能够让公文正文的内容更加具体,并提供依据和参考效果。附注的作用则在于对正文中有可能涉及的名称术语或相关事项进行解释说明,从而确保表述准确、行文简洁。

### 1.7.5 抄送

公文除了发送给那些需要直接承担执行处理责任的机关,还需要抄送给其他相关机关,这样就形成了公文的主送和抄送单位。一般是在公文文后列出这些单位全称或者规范化简称,从而方便与相关机构部门沟通,对彼此的工作能够互相理解、支持和配合。例如《北京市人民政府关于加强×××的暂行规定》中,

主送单位:各区、县人民政府,市政府各委、办、局,总公司,各高等院校;

抄送单位:党中央各部门,全国人大常委会办公厅,国务院办公厅,各直属机构,中央军委办公厅……市委办公厅,各部、委……市人民检察院、检察分院。

这样，承担主要工作任务的单位被列为主送单位，而需要知晓公文内容但并不负责工作任务执行的单位被列为抄送对象。这种格式清楚明确，一目了然。

## 1.8 公文写作流程

公文种类繁多且用途各异，但其写作流程却有着显著的共同点。一篇令人赞赏的公文，无论具体内容和功能是什么，必然都需要从最初的写作意图开始，通过不同的环节最终走到定稿。在这样的过程中，绝大多数既定环节都是不可或缺的。而事实也证明，缺少了必要环节的写作，必然影响公文的最终质量。因此，当写作者踏上公文写作阶梯的第一步前，首先应该了解公文整体的写作流程。

公文的写作流程主要包括下面的必要环节。

### 1.8.1 写作的出发点

一切公文写作都是公务活动中的一部分，因此，公文写作应该有既定的目的。这样的目的，决定了写作者采取怎样的方法进行写作。

对写作目的是否了解，决定了写作者有没有充分的目的意识。如果目的意识能够事先准备充分并贯穿整个写作过程，就能确保写作者不断调整写作内容和方法，确保写作始终围绕目的进行。同时，其他对写作不利的因素就会被逐一消除，最终形成的公文将显得主题突出、宗旨明确。

通常，是否明确自身写作的出发点，集中表现在作者有没有处理好公文的首段文字。如果能够开门见山地表明目的，这样的公文起码不会跑题。在实践写作过程中，初学者不妨以撰写首段文字为重点进行练习。

可以用首段文字阐明写作目的。

用工作名称作为首段文字。例如,"经济普查是查清我省省情的一项重要工作。"其中,"经济普查"是工作的名称,后面则属于工作的性质和意义。

用结论作为首段文字。这种方法在指示性的公文或调查报告中比较常用,即先写出结论,再写出原因或分析过程。例如,"普及信息化办公系统,是建设服务型政府的重要举措……"。这样,整篇公文都将围绕结论进行阐述。

当然,更为普遍的首段文字可以用"根据"来开始。"根据"之后可以接上级的有关文件规定,或者领导机关的命令指示,也可以是会议精神或工作实际。用"根据"形成首段文字,能够把握住全文主旨并在其后的文章中加以凸显。

### 1.8.2 对材料的掌握

写作需要素材,公文写作同样需要材料,材料包括相关的事实和理念。其中,事实主要是指现实工作中的情况和问题,理念则指用来应对情况解决问题的方针政策、法律法规或者指示、命令、精神,等等。

例如:

某镇政府公务员小蔡接到领导要求,写一篇向上级反映本镇河流污染问题的报告。在明确报告的目的之后,小蔡马上要做的就是去搜集河流污染的相关数据,包括污染源、污染时间、污染对周边造成的影响等。

这就是相关事实的搜集。

小蔡还需要找到从国家层面到地方层面的相关法律法规和文件,从中梳理出明确的治污思路。当这些材料搜集完毕后，才应该开始写作。

从这样的现实案例中可以看出，公文写作从其目的宗旨到思想观点，再到具体的意见看法，都和本部门的实际工作有直接关系，也同国家和上级的战略精神有直接联系。写作者只要抓住这两方面的材料，就能准确地开始公文写作。

### 1.8.3　了解接收方信息

任何文字作品，乃至于任何信息，都需要因接收方的存在而产生其价值。公文产生作用的机制同样如此。当接收方真正准确理解了公文内容后，才有可能深入贯彻执行公文的要求。因此，写作者必须准确了解和把握接收方的信息，从而实现写作目的。

公文的接收者是特定的，包括主送机关和抄送机关。主送机关是公文主要告知的对象。因此，对接收方信息的了解，主要集中在主送机关方面。写作者应该了解主送机关对公文的理解角度、认同程度、阅读水平，如果是下行文，那么更重要的是了解主送机关在执行落实公文精神时会遇到哪些问题。这样写作者才能有的放矢，在公文中有针对性地解决可能出现的问题。

某县团委向县委领导报送请示，请示要求能够拨款10万元加强办公室电脑配备。这份请示主送机关、抄送机关很多，但实际上真正"发挥作用"的读者只有两个人，即担任主管领导的县委书记和分管领导的副县长。因此，负责写作该请示的团委公务员小王很清楚，只有真正打动了两位领导，这份请示才能发挥应有的作用。

小王非常了解领导的思维方式。他知道领导对审批资金方面很谨慎，只有真正了解目前办公室电脑的使用情况，确定进一步加强电脑配备的必要性，以及资金具体使用在哪些方面，才有可能同意这样的请示。因此，小王在请示中不仅写明了加强办公室电脑配备的理由，同时在附件中列明了开支预算，写出了10万元的具体用途。当请示交上去之后，主管领导和分管领导对于审批事项一目了然，最终给出了同意的意见。

可见，掌握主要接收者的信息，是公文写作必不可少的环节。

### 1.8.4　编写提纲

在上述准备工作完成之后，公文写作的工序正式开始，最开始的工作就是编写提纲。提纲是为了将公文的内容预先按照顺序排列清楚，从而搭建起文章的框架。

对提纲进行编写的意义，在于帮助写作者理清思路，并从中找到深入思考的机会。很多有丰富写作实践经历的"笔杆子"都清楚，在写作前，脑海中往往有很多能够写入公文的内容，但这些内容并没有分出层次，而是处于互相重叠的状态，难以体现出令人接受的文章架构。之所以要列出提纲，正是为了在提纲的基础上，写作者本人对文章整体与局部能进行更好的思考和设计。有了提纲作为线索，写作者才能准确安排出文章各个部分想要表达的思想内容、能够利用的材料、文章总体的思维线索等。这样，文章才会有流动的气脉和说理的逻辑。

### 1.8.5　起草和定稿

在提纲的基础上，写作者可以开始起草公文的稿本。公文的稿本应该基于公文提纲，如果将提纲看作建筑物的框架结构，那么稿本则是结构上的混凝土。在起草正文的过程中，写作者有必要对提纲进行再次审视和推敲，写作时也可以对原有提纲进行修改，增删其中不合理的结构部分，从而确保稿本有一条表现写作意图的主线。

好的公文很难一挥而就，骆宾王式的"倚马可待"也只是在特定的行军环境下，并不意味着公文写作追求的是速度。只有经过深入思考和反复推敲的公文，才能更准确地反映客观事物，解决现实问题。

在公文定稿之前，可以对下列重点进行修改：

首先是修改公文的中心思想。中心思想是公文的"魂"，轻易不能修改。但如果公文主旨并没有真实地反映上级既定的路线、方针、政策，或者违反了法律法规，又或者同上级的精神和现实情况相背离，就必须进行相应的修改。当然，如果公文的中心思想不能全面反映客观情况，也需要进行深化完善。

其次是修改材料。在修改材料之前，写作者需要考虑材料本身是否真实，包括其中的背景、事件、数据、引用等各方面是否符合客观实际。同时，还应该考虑材料的选择角度有无偏颇，是否能公正地反映问题、提供方法。

再次是对结构的修改。观察和分析公文结构是否符合将要写的文种、是否能够充分表现文章原本的主旨、是否具备科学的内在逻辑并体现清晰的脉络、是否存在多余的内容等。

最后需要对公文的语言进行修改，包括语言运用是否准确得体、是否简洁高效、是否庄重而朴素等。

总之，公文从起草到完成，有其应有的环节。尊重这些环节，也就是尊重公文写作的规律。这样，好的文章才能从写作者的笔下诞生。

# 第2章
# 做能写的公务员

了解公文的基础知识,并不意味能成为单位里那个"能写"的人。事实上,凡是经历过数年公文写作之后的公务人员,都有可能发现一个普遍的事实:虽然自己当年在学校里曾经笔走龙蛇,有过发表文字的经历,但在公务工作中,自己却泯然众人,无法写出让他人称赞的文字。其中原因究竟何在?或许,让自己先"能写",才是更为现实的起点。

## 2.1 写公文不是"玩"文字

随着互联网时代的到来,今天的知识群体尤其是青年公务员,其文字表达能力较之以往有显著的提高。许多年轻人在自己的微信朋友圈、QQ空间或者微博中留下的文字,或叙述精彩,或抒情充沛,显示了他们"玩"文字的能力。但让他们坐到电脑前正正经经地写上一篇工作总结或者单位通知时,却有可能眉头紧锁,不知从何处下笔。这种情况之所以并非偶然,除了其受到的专业训练欠缺外,他们对"玩文字"和"写公文"两者无法准确区分也是重要的原因。

### 2.1.1 公文不是文学

新任职的公务员小吕,工作表现积极、热情高涨,偏偏对公文写作感到头疼不已。每次领导要求他写一篇公文,他都觉得既是个苦差事,也是个难差事。之所以说苦,是苦于自己不能随心所欲地表现;而难,则是感觉不懂怎样在公文的规则框架下写文字。

小吕当年在学校也是文学社的成员,经常写一些抒情散文或者小剧场剧本,得到过不少好评,甚至还有自己的"粉丝"。网络上,他也写过连载穿越小说,被不少网友收藏追捧。于是,写起公文来,他常常不由自主地将写作经历中的习惯表现出来。写一篇总结,他的开头是"微风送暖,大地回春,我单位送走了过去的一年,工作成绩等待着总结。"写一篇通知,他的结尾则是"将这样的工作做好,才能不辜负党和人民对我们的期望!"……

显然,小吕还没有熟悉自己在公文面前的角色,依然或多或少地将自己看作"玩文字"的文学青年,而不是使用公文在进行工作。

类似的案例并不鲜见,这说明,能不能写好公文并不完全取决于一个人的文字能力。任何写作，都有着其相应的目的。文学写作，其最高目的在审美和艺术性，普通目的很有可能只是限于自我表现或者娱乐。例如，越来越流行于网络、影视和生活中的"段子"文化，就是典型的例子。这些段子可能并不具备多少审美情趣和艺术性，甚至大打擦边球，但能够得到许多人的喜爱和认同，写作者也被推崇为"段子手"。

虽然"段子"文化的存在有其合理性，是社会群体或个人的心理补偿或宣泄。问题是，如果用相同的态度去看待任何写作，难免会陷入"为玩而写"的泥潭中。

为避免落入这样的泥潭，公务员应该从正确看待公文的表现形式做起。要知道，文学的写作讲究个性，写作者可以调动自己的想象力，打破束缚并追求新的境界。因此，在文学的形式上不会有什么规定，是可以随意创新的。但公文的表现形式是约定俗成的，每一个文种都有特定的格式与要求，即使是讲话稿这样的常用公文，实际上也有其稳定的表达逻辑。想要写好公文，就必须接受这种看似死板的格式化形式，才能做到"戴上镣铐跳好舞"。

当然，绝大多数公务员在写公文时对结构要求相当重视，但表现在具体的写作过程中，依然有"玩文字"的倾向。甚至不少已经有相当丰富工作经验的人，在从事公文写作时，还是会误入歧途，自己却不以为意，反而为其"熟练"沾沾自喜。

## 2.1.2 堆砌文字不可取

写作者把公文写得繁琐不堪，看上去好像内容丰富，实际上拖沓累赘，无法让人把握重点。这种故意将公文拉长的做法，显然是只为了追求形式而忽略公文原本应有的价值和功能。

某地市政府年终收到了45份县处级机关的工作总结。其中，最长的总结共有1.6万余字,最短的也有8000多字,平均每份总结已经超过了万余字。这么多工作总结,就算领导们平摊看,也要看十几万字的材料。对于工作繁忙的市委书记和市长来说,这显然是不小的负担,总结所起到的作用也就乏善可陈了。

之所以工作总结变成了文字堆砌游戏,问题出在对流水账的热衷上。有人研究了其中一份来自于计生委的年终工作总结,全文1.4万多字,开头有1000多字阐述了国家大政方针和社会经济发展的背景,又用1000多字按照时间顺序记叙过去一年的总成绩,然后再用大篇幅从六个方面分别进行总结,每个方面的总结包括五六条具体做法和经验。但这些做法和经验又相互交叉重复,导致整篇文章层次模糊,缺乏明确的表达意图。

### 2.1.3 缺乏对"度"的把握

公文的功能在于实用,并非文学性的欣赏,只要能解决问题、传达精神,公文不需要追求语言文字上的所谓气势或华丽。目前的有些公文,由于写作者没有摆正位置,动辄采用形容夸张的词语,造成公文用词过度。

例如:

在谈到今后工作力度时,除了"重大举措",就是"跨越式发展";谈到目前具体工作时,就是"特大项目""深远影响";在总结工作成绩时,就是"十大成果""八大变革""历史罕见""前所未有";在谈到缺点成绩时,什么"负增长""缴学费"等又动辄映入眼帘;另外,还有"思想工作是根本,发动群众为基础""管理是先导,制度是保证""提高认识做前提,加强领导是关键"……

当然，这些词语本身或许并没有什么不妥，但将这些词语变成八股文字，在文件中不看具体功能作用，不问具体对象情况，只要"感觉"来了，马上就像魔术师手中的帽子一样上下翻弄，变出这些大话空话，实在是相当不严肃的写作方式和工作方式，只能说是在"玩文字"。

要写好公文，既不能犯"幼稚玩"的毛病，也不能沾染上少数公务员"油滑玩"的毛病。因为归根结底，公文的文字是不可以轻视的，更不可以在笔下把玩，它需要的是写作者的尊重和投入。只有这样，才能从写作中体现出公文的价值，进一步体现出个人工作的价值。

## 2.2 用文字解决矛盾

矛盾是普遍存在的，公务工作中的矛盾也永远不可能被完全解决。本身是用来指导工作和应对问题的公文，也可以成为解决公务员个人工作矛盾的工具。如果写作者总是能主动将公文写作同正确处理矛盾关系的途径结合起来，还能够收到意想不到的效果。

### 2.2.1 用写作协调关系

×局文字秘书陈昌，熬了几个夜晚，完成了整个局机关新的一年工作计划，这份计划将作为附件放入提交给上级的财政拨款请示中。为了能够让文章最终在会议上被认可，陈秘书将复印件分别交给局长和局党委书记，希望得到他们对文章的建议和意见。

过了几天，两位领导对文章提出的修改意见都交到了陈秘书手上，在对他原稿肯定的基础上，领导们各自给出了一些修改。但陈秘书发现了问题：在工作计划中，两位领导看重的财政拨款重点并不一致，局长更看重机关工作，书记看重的则是基层工作。到底应该按照哪位领导的意见来修改呢?

陈秘书面临的"困境",在公文撰写实践中时有发生。新接触公文撰写的公务员,常常以为这只不过是"耍耍笔杆子"的文字工作,只有真正接触到写作实践,才会发现其和日常工作结合的紧密性。试想,作为公文撰写者尚且无法解决文字上的种种矛盾,如何在具体工作中协调关系?无论是理论还是现实,都需要写作者懂得如何平衡和公文实际相关的不同关系。

当陈秘书拿到领导的修改意见之后,经验丰富的他马上明白,原因出在局长和书记相互之间还没有来得及进行意见交流。于是,他根据两位领导对于预算问题的看法,分别找出几点具有代表性的因素进行梳理整合,形成了新的计划方案。

当这份方案摆到局常务会议上时,领导之间已经经过沟通达成一致意见,经过平衡的计划方案,也因此得到一致通过。

事实证明,在公文写作实践中不断结合不同的意见、解决矛盾,并不仅仅是圆融变通,更是实际工作中的重要方法和技巧。利用文字的中和力量让各种看法与意见得到交流互动,本身就是文秘类公务员应有的工作职责。唯有如此,写作者笔下的公文内容才能具有更加广泛的代表性,从而帮助写作者在现实工作环境中获得更有利的位置。换言之,写公文需要公务员笔头功夫的同时,还需要他们高超的工作艺术和综合能力。如果只是将写公文看成"摇笔杆子",只能越写越容易感到自己的"无能"。

## 2.2.2 锻炼处理矛盾的能力

要做到"能写",公务人员应该注意协调好以下这些矛盾:

首先是工作原则性和艺术性的矛盾。古人强调,君子应"智圆行方",意思是保持着做人处事不变原则的同时,也要有一定的灵活性。将两者结合起来,能提高自己的工作水平,有利于工作大局。在撰写公文时,如果发现自己的意见不被采纳、文章内容不被认同,就应该采取积极多样的方法,尽量减少撰写思路和现实需求之间的不一致,力求达到最好的效果。

其次是工作被动性和主动性的矛盾。必须承认,公文中撰写者能够主动设想的内容是有限的。在公文相关工作中,机关需求和领导意志才处于决定性的地位,包括公文的指导思想、目标任务、关键措施或者人事、财政相关问题,都需要按照领导的意图写作,才能得到最佳效果。为此,公文撰写者必须摆正自己的位置,努力理解上级思路和工作方法,甚至要牺牲自己的语言风格,才能协助领导利用公文更好地工作。当然,这并非意味着写作者完全丢掉自己应有的主动性,在一定的范围内,写稿者可以发挥个人特色,打造出更好的公文质量。

## 2.2.3 创新也很重要

除了处理矛盾之外,在文字写作时积极创新同样重要。曾经有这样一个事例:

某单位拿到上级的一份指示精神,要求该单位开展××实践教育活动。为顺利开展活动,需要将开展该活动的计划等列入通知中向下级传达。负责撰写该通知的同志感到时间紧急,于是将上级公文中已经明确写出的指导思想、活动原则、活动方法等全部"填充"到计划中,打算向基层部门下发。

这份公文草稿很快被该单位领导打了回来。领导批评该撰稿人，认为这些内容是上级的概括性要求，对基层部门缺乏具体的指导意义，显得累赘和空洞。为此，撰稿人必须要重新写一份计划……

该撰稿人之所以没有完成好公文起草的任务，就在于他未能将"贯彻上级的思想"同"符合本单位实际"两者之间的矛盾处理好。的确，下级的公文需要准确反映上级的部署和要求，这一点不可动摇。但作为下级机关向基层的行文，更重要的是在准确领会上级精神实质基础上，真正布置实际工作，而不是拘泥于上级的原有语言形式。因此，在上级公文中已经明确了的内容，应该压缩改写，不应照抄照搬。文稿更应该突出本机关的重点，其中问题应具体、可操作，将上级的精神形象化和细化。这样才能形成符合实际且具有独创性的公文，而不是反复赘述、浪费文字。

当然，公文写作和其他公务工作一样，还面临着其他诸多矛盾。正是在克服这些矛盾的过程中，公务员才能获得应有的锻炼与成长。

## 2.3 态度决定文风

"文风"一词，相信在近年来的公务活动中并不陌生。公文的文风如何，是决定文章优劣成败的关键所在。一篇公文究竟是现实的还是虚无的，是富有活力的还是刻板僵死的，是短小精悍还是冗长无趣的，都同其文风有关。

文风并非虚无缥缈，也不完全是个人语言表达或者写作技巧带来的变化。因为文风的改变，不只是写作者改改文章结构，或者引用名人名言，抑或添上几句理论性话语就能实现的。要有好的文风，公务员必须要有对待公文写作的正确态度。

### 2.3.1 正确的写作态度

在着手公文写作之前，公务员必须先树立正确的观念，即"公文写作是为了解决实际问题"。他们应该清楚，起草公文文稿，并不是纸上谈兵，而是为了方便对工作的部署、对实践的指导，或者是为了向上级反映现实情况，提出本单位的看法，为了实现工作目标的提升。有些公务员之所以文风不正，正是因为缺乏这样的观念，他们在动笔之前，想的是为了写好公文而写，是为了文章写得看起来正确、规范、工整、漂亮而写，或者是为了凸显自己的个人能力与价值而写，并没有考虑文章对实际工作有什么用处。

在具体如何看待公文的态度上，负责写作的公务员要努力先端正自己的态度。不少人曾经抱怨说，自己写稿子的确存在假话、空话、套话，但这是被环境"逼"出来的。言外之意，就是领导和单位需要他们写这样的稿子。事情是否这样呢？其实不可一概而论。

×处黄处长将在月底参加一个研讨会议，作为会议研讨主要问题的承办单位，黄处长需要有一份调研报告作为会议上发言的材料。他将这份调研报告的写作任务交给了处里的小秦同志。为了保证调研报告的质量，他在交代任务时顺口叮嘱小秦，要写得翔实、客观并且能够"体现出我处的工作效率和方法"。

小秦拿到工作任务，没有多想就开始动笔。他觉得，翔实、客观必然要体现在相关数字上，反映工作效率和方法则更需要真实数据和荣誉的综合表现。于是，他花在调研上的时间只有一两天，却用了一周时间泡在处里的档案室，把这几年来相关问题的数据全部翻出来，想方设法编排进调研报告中。经过他两个通宵的修改，调研报告终于出来了。

研讨会议上，黄处长刚刚读到一半，主持研讨会的分管副市长就摆了摆手说："黄处，现在不是历数过去成绩的时候，要说的是现在究竟还有哪些困难，你们打算怎样解决，要把问题和方法对应起来。"

黄处长只好放下了稿子，无奈地说起自己的看法。回到单位，他私下里告诉别人说，小秦写东西的能力真是不行……

小秦觉得很委屈，明明是领导让我这么写的，为什么又说我写得不好？

其实，小秦并非真的不会写调研报告，而是文风背后的态度问题。调研报告没有得到领导认可，看起来问题出在黄处对工作的布置上，其实是出在小秦对调研报告的理解上。作为一名合格的公务员，他应该清楚调研报告的重要性，也有责任分析这次调研会关注的重点，而不是将领导给出的一两句口头交代当作写作的唯一出发点。因为领导工作繁忙，并不负责文章的具体写作，对公文的理解也不可能逐一布置给下属。真正的写作者才应该站到纵观全局的角度上看待公文整体，把握正确文风，这才是正确的写作态度。

## 2.3.2 良好的写作角色感

在构思和起草公文阶段，公务员需要保持良好的角色感，不是被动、教条、自以为是地进行公文写作，而是主动、科学、全面灵活地通过公文来解决机关面对的问题。这样的态度，才是写作者对自身工作的负责，对集体的负责，也是对领导的负责。

当然，对于刚刚进入公文写作角色或者已经养成了不良习惯的同志来说，写稿子要有好文风并不简单，他们应该从诸多方面下功夫：

一是要思想灵活，同时高度重视写作。高度重视，意味着写作者不能将公文写作当成琐碎任务，不能写缺乏实际意义的空话、套话；思想灵活则是更高要求，意味着在做到符合正确文风的同时，还要保持一定的个性，尽量让每篇文章都有令领导眼前一亮的"新鲜点"。

二是要熟悉多种文体，不能有所偏重。有些公务员受常年接触的工作所限，习惯于写几种公文。例如，在政协工作的同志更习惯于写调研报告、写提案，在业务机关办公室工作的同志擅长写总结、写报告等。如果公文写作者仅仅满足于这样的水平，就会让写作态度发生偏移，导致只能写某几种公文，而在其他公文类型面前难以应付。

三是要保持谦虚谨慎的良好习惯。越是感觉公文"不难写""就那么回事"的人，往往越容易在写作态度上出现错误倾向。相反，如果能始终将公文写作看成需要不断翻越的障碍，在写作过程中不断自我超越、自我挑战，才能因为谦虚谨慎的态度而从中受益。

## 2.4　修养、知识和心智一个都不能少

写公文，是综合能力的表现。一篇公文，既能反映写作者是否拥有正确的思想观点，也能体现他手中的材料是否丰富，更能表现出他对文章内涵的理解和表达。撰写一篇好的公文可能并不困难，但要成为公文撰写的高手，并非一两天可以练成，需要长期的多方面努力。换言之，写作者在自身修养、知识和心智等方面，都需要努力打磨和训练。

### 2.4.1　培养写作修养

修养上，写作者必须政治过硬，有着较高的政治理论修养，保持明确的政治方向和坚定的政治立场，做到与党和国家在方针政策、法律法

规上的高度一致，并以大局和集体利益为重。这样公文写作才不会出现大方向的偏差。

此外，需要有行政机关公职人员的职业素质，拥有相应的职业道德和价值导向，才能拥有健康和完善的人格，并体现在文章的风格与内容中。

1992年7月，重庆市奉节县民政局在国家机关公文中称当事人是在"耍赖"，还说像"泡了8年的酸菜——酸过了味"。最终，重庆市二中院认为奉节县民政局的这一行为构成名誉侵权，终审判决赔偿受害人精神损失费2万元。

可见，在公文写作中，公务员应具有高度的责任感，对文章中的每一句话甚至每一个词语，都应该确保其到位而无需修改。另外，公文写作还要有"为民"精神，因为公文表达的内容表面上看和单位、领导利益密切相关，但更深远地看，其内容大都和人民群众有更加紧密的关系。作为行政公职人员，是否心中装着纳税人，是否意识到自身工作在维护纳税人的利益，将直接影响公文的质量和效果。

### 2.4.2 充实写作知识

知识上，公文写作提出的要求，看似并没有太高深的专业问题，实际上却有着不同于其他文案写作的特点。

写作者应该具备丰富的行政业务知识。写作者要明确本机关的工作性质、工作特点和业务范围，以及本单位在整个行政工作组织系统中处于何种位置；了解本机关不同部门各自的职权、业务和运行状况；清楚本机关有怎样的长期战略规划、中期战略目标和短期工作目标；熟悉本机关的组织文化和不同的规章制度等。

×局机关办公室调来一位公务员小许，在年终考核时，领导交给他起草年终总结的工作任务。小许心想，这没什么难的，反正总结不过是年年相似的内容。于是他在电脑里找到几篇过去的总结，然后修改一番，形成了当年的工作总结。

第二天，领导阴沉着脸将小许找过去，指着打印整齐的文稿问道："这一段，说我局今年在×××行政审批工作上扎实努力推进，取得了稳定的工作效果？"

小许一头雾水，不知道如何回答。

领导继续说："你虽然调过来不到半年，没有到基层接触工作任务，可是你平时也上网啊，难道你不知道，按照国务院上半年的文件要求，这项行政审批工作今年早就取消了？怎么在文件里面还扎实努力地推进？"

小许这才恍然大悟，自己对单位的业务知识还一知半解，文章的内容却照搬照套，这样怎么会不出错呢？

除了业务知识，公文写作者还应该力争成为"通才"。在现代社会，行政管理与服务涉及社会的各个方面，其内容和因素是复杂多样的。我们很难相信，一个足不出户、对社会缺乏应有了解的"书呆子"能够写好今天的公文。因此，撰写一手好文章的基础，在于对政治、经济、哲学、管理、文史等各方面的了解，更高的要求还包括对社会学、心理学、行政管理、公共关系等方面的了解。当然，这些知识都属于不同的专业学科，公务员不可能全面了解其中的每一门学科，但起码应该都略知皮毛，并懂得在必要的时候应该从何种渠道、用何种方法去寻找应有的资料，这样才能不断完善自己的知识体系。

### 2.4.3 发展写作心智

在具备了必要的素质和知识之后，公文写作更加考验公文撰写者的是其心智模式。

心智模式，意味着一个人在长期工作和学习中形成的思维方式和思考习惯。对于今天的公务人员来说，面临着新的社会环境和工作环境，他们需要不断完善自己，学会系统思考。

系统的心智模式，能够主动达到以下要求：

首先，写作者能够整体看待事物而并非只看到其中某个方面。在公务活动中的每一件事物、每一个问题看似独立，实际上却都是处在同一个社会系统之中。在系统的内部，不同的问题形成相互联系、相互制约的关系。作为公文的写作者，也应该认识到公文解决问题的措施是完整的系统。是否能够准确而全面地把握公文中不同要素间的关系，并发挥不同要素的功能，和写作者是否会系统思考有着紧密关系。

其次，写作者能够动态发展地看待问题。公文写作的主题不是固定不变的，环境在不断地发展变化，只有认识到环境变化带来的因素变化，才能积极预测问题发展变化的前景，然后提出有效预防负面影响的措施。这些都需要写作者以发展的眼光去看待和预测，根据客观情况灵活地选择写作角度。

再次，写作者还应具备能看到事物本质的思考模式。现实工作中，事物经常以不同的外部形态与相互关系呈现，这些形态和关系并不一定代表其本质。而公文写作者要写出在观点正确基础上能深入分析的文章，需要的是利用科学方法去透过现象观察本质。

在×市×委员会的调研报告写作过程中，小张从邮政管理局拿到了一组本市上半年快递行业数据的变化情况统计。统计显示快递服务业务量累计增长了近二十个百分点。小张认为，这一统计结果并不只是单纯地证明快递服务行业的发展。他又调取了全市零售业产值，发现增长速度相比往年有所减缓，全市人均收入数据却有所增加。经过分析，小张认为，这说明本市的零售消费重心有转移的倾向，建议上级领导制定相关政策，既促进零售行业的进一步发展，也要吸引电商在本地的投资，让地方经济更快地融入互联网经济中。

上述案例中，小张正是因为具备了系统的心智模式，才写出了具有深度意义和价值的调研报告，并因此得到领导的充分肯定。

修养、知识和心智，可谓公文写作的"三要素"。公文写作者拥有这样的三要素，才能做到无往而不胜。

## 2.5 资料积累，重在平时

"读书破万卷，下笔如有神"。文章高手无一不是日常积累资料的行家。在公文写作中，资料不仅来源于书本，更来源于实际，尤其是那些指示性强、决策性强的公文，更不能依靠以往经验闭门造车，必须凭借新的现实数据、情况和材料来完成。

正因为公文写作对资料如此依赖，写作者必须能够坚持不懈地做好资料积累，为公文创作内容服务。只有获得了大量的一手资料，写作者才能在写作中为解决相关问题选择适当的办法，形成有效的对策。可以说，积累资料，是公文写作不可或缺的基础工作，也是公务员做到"能写"的基本功。

当然，现今的社会环境处于迅猛变革和发展中，互联网时代的信息资料浩瀚无比，任何人不可能也没有必要熟悉所有信息资料。不同岗位、不同部门的公文写作者，首先应该在工作实践中去摸索所需资料的规律，从而拟定需要积累资料的范围，即寻找到那些必要且全面的资料，同时要确保其真实有效。

下面是公文写作日常需要积累的资料范围。

### 2.5.1 获取基础资料

公务员必须对其工作环境和内容的基础资料有一定了解，这种了解将对其日常公文写作起到"通用"的指导作用。

艾科长是某市市政府宣传部的"笔杆子"，他每年都会关注本市的经济发展数据，以及各区县的相关数据。同时，他还熟记本市的历史沿革、行政区划、人口分布、自然资源和民族状况，以及政治、经济和文化等方面的基本情况。搜集和记录这些数字花费了艾科长一些时间，但这都是值得的，只要工作需要，他随时随地就能将数字插入自己的文章，让文章显得专业而具有说服力。

### 2.5.2 搜集政策资料

党和政府的方针政策涉及社会的方方面面，公务员无论是否从事公文写作工作，都不可能完全掌握了解。但对于那些能够指导全局的文件，必须加以熟悉并了解并记录其中精华。

如在《×××人民政府关于公布省直部门权责清单的决定》中，文件一开头为：

为全面贯彻落实党的十八大和十八届三中、四中全会关于推行政府权力清单制度的重大部署，根据《中共中央关于全面深化改革若干重大问题的决定》（中发〔2013〕12号）、《中共××省委贯彻落实〈中共中央关于全面深化改革若干重大问题的决定〉的意见》（×发〔2014〕1号）的要求……

这就是对政策资料搜集之后正确引用的案例。

对于工作中最常见的问题，则应该摘录相关的政策文件，最好能够编上索引，以备写作中随时查阅。

### 2.5.3　获取典型资料

在某些公文中，翔实可信的典型材料，能够具有不同于其他材料的代表性意义。但这些材料不可能在接到工作任务后去点滴搜集，无论是时间还是条件上都不允许这种"临时抱佛脚"的做法。公文写作者只有在平时随时了解记录，才能在写作过程中将资料迅速转化为笔下的文字。

×局办公室文秘小马，平时经常跟随领导下基层检查工作，无论到哪里检查，他总是随身带着小笔记本，在汇报会议或者总结交流时记录具有典型意义的案例。这些案例有大有小，大到整个单位获得的荣誉，小到个人在工作中取得的成绩，或者是形成的经验教训……或许这些案例在当时和工作主题并不相同，但细心的小马还是会加以分门别类地记录下来，因为他相信其中体现的内容会具有普遍的借鉴和启迪作用，在日后的公文写作中随时可以派上用场。

事实上，有志于走好公文写作道路的公务员，应该将平时能够获取的类似典型资料善加保存和整理，将其中散乱的案例系统化，把其中零散的事件整体化，这样就能够在必要的时候随时引用。

### 2.5.4 领悟领导思想

诸如讲话稿、总结材料或者命令、决议等，需要融入领导的思想和意图。因此，写作者有必要不论何时何地都保持"三勤"，即耳勤、脑勤和笔头勤，能够及时捕捉领导在只言片语中流露出的看法和结论。因为这些思想片段，很有可能是领导多年来工作经验的结晶，或者体现其职务和个人对工作的想法。公文写作者应该抓住这些闪光点，在对应的公文中加以表现，就很有可能体现出公文应有的价值。

### 2.5.5 准确整理资料

当资料搜集齐后，整理就成为关键性的工作。不断采集资料，整理资料的工作任务也会不断加大。整理资料，需要有统一、科学的标准，更需要注重分类方法的使用。

资料分类，可以根据本单位或者本人实际工作的需要进行，一般应着眼于写作时的使用目的。写作者根据自己的实际需要，可以用"来源分类"、"索引分类"或"主题分类"进行。

"来源分类"是指按照文件、政策或者典型事例的制发与提供单位进行分类。比如，文件可以按照"中共中央""国务院""省委、省政府""市委、市政府"等来源进行分类。或者根据具体的业务部门，例如经济类、农业类、建设类、执法类等进行划分，当然还可以进行更加细致的划分，例如经济中还可以划分为外贸、商业、税收、银行、金融、财政等。

"索引分类"是将媒体、网站或者书籍报刊等资料作为对象，以大类固定再另外加上小专题形式进行分类。这种分类方法较为灵活，适用于不同来源的文字资料，例如《人民日报索引》《本地网络舆情索引》等。

"主题分类"方法整理资料相当直观，检索起来也更为方便。这种方法比其他分类方法显得更加科学合理。写作者可以定时对自己积累到一定程度的资料内容进行分析，并在分析之后确定资料的主题词。之后，利用办公自动化软件进行集中收录、管理，形成自己的资料库。

总之，作为公文写作人员，资料的收集和整理工作，应该是个人和集体的长期战略性基础工作。积累资料是逐步养成的好习惯，资料的积累应该逐步做到数量和质量并重，在不断更新资料的同时，及时将陈旧的资料剔除。具体使用材料时，应该在写作过程中进一步核实、消化、融合，不能只是草率地放入文中。

## 2.6 灵感从悟性里来

在文学创作过程中，灵感是重要的因素，文坛巨匠因为灵感喷薄而产生的名篇比比皆是，令人高山仰止。对于公文写作，无论是学习者还是实践者，更多地只关注公文具体的结构和程式，或者是语言运用等，并没有关注公文写作的灵感来源与发挥。

其实，公文写作并非没有灵感的影子。做过行政机关文秘工作的同志很可能有相同的经历，当从上级那里接受到某项公文撰写任务后，虽然花费大量时间和精力获得了相当多的材料，但依然感到头绪众多却无从下笔。然而，在度过这段瓶颈期后，随着注意力的转移、头脑的放松，或者是无意中得到某种思维的启发，脑海中很可能"柳暗花明又一村"，闪现出公文草稿的结构或主旨思想。

### 2.6.1　灵感的价值

撰写公文过程中的顿悟，就是写作心理学上所谓的"灵感"。正如有位在政府办公室工作了二十余年的老文字秘书所说的那样："在我起草的几百份文件中，印象最深刻的不是那些获得领导肯定和群众夸奖的文件，而是那些我当时难以找到思路最终却豁然开朗的文稿。"

正如这位前辈所说，公文写作过程中，思路的开通和灵感有着直接的关系，灵感对公文写作也有重要意义。但灵感并非凭空而来，灵感的出现有客观条件，更有写作者主观悟性的原因。

之所以强调"悟性"，是因为公文写作和普通写作有所不同。在文学创作上，作家灵感的触发往往是自然而然的，发乎于本心而表现于笔端。公文的写作就不能如此了，因为任何一篇公文的写作都是受到客观需求约束的，灵感的触发，源自于作者能够多大程度上了解任务的本质。这种情况下，写作者悟性越高，理解和领会客观需求的时间就越短，获得的启发就越强烈。

知道了"悟性"的重要性，并不代表每个人都能很快获得应有的悟性，开发自身在公文写作上的悟性，应该选择循序渐进的路径。

### 2.6.2　获得悟性应五步走

第一步，积极从领导角色出发。正因为公文写作是"命题作文"，因此，很容易导致初学写作者有"领导让我写"的消极心态。在这种心态下，悟性就无从谈起了。想要积极获得灵感，激活自身的创作细胞，写作者就应该努力突破这样的消极想法，自觉进入领导角色，实现"我要写"的内心冲动。这样才能进一步迈上悟性提升的阶梯。

第二步，注重日常思考。

某县县委办公室的公务员小符，曾经挂职在基层担任村支部书记。工作过程中，他发现当地存在着农作物虽然丰收但却滞销的情况。针对这一情况，他近乎"本能"地开始思考，并利用工作和休息时间走访了本县其他几个具有代表性的村镇来了解，从而获得了较多的第一手材料。在调回县委办公室后不久，他就将这些材料运用到了公文写作中，写出了很好的调研报告。

灵感的触发离不开日常积累，任何文学大家的灵感爆发也都有赖于他们平时对生活的观察和思考。公文是应用文，更需要写作者熟悉问题、熟悉问题的解决方式和情境。如果一个想写好公文的干部，不能积极从现实中搜集问题、关心问题、思考问题，他就会在公文写作中碰到更加严重的"问题"。相反，抓住一切机会去了解本单位可能面对的情况，并花费力气进行深入细致的调研，摸清问题的前因后果，了解其背后影响因素的来龙去脉，最终判断清楚问题的实质，就能让悟性得以提升，灵感也可迅速擦出火花。

第三步，融入情感并调动激情。公文写作，的确需要写作者的理智和客观，但这并不代表公文写作完全是"机器化""程序化"的。作为新时代的公务员，在公文写作中，对于那些自己应该履行的职责、恪守的义务，绝不能麻木不仁或无动于衷；对于那些有可能造成社会问题或群众利益受损的情况，更不能仅仅例行公事。这就要求公文写作者要在情感上珍视自己的服务机会，具有政治责任心和道德正义感，具备应有的爱憎情绪，从而获得准确的悟性并触发写作灵感。

第四步，思维应多向化。公文写作需要严谨的思维方式，也需要开放性的发散思维，尤其是写作需要提出具体办法的公文时，应该尽可能打开思路，多方向探寻更多可能的方案。如果缺乏发散性的思维，文章的思路就会显得僵化呆板，无法激活写作者的灵感。反之，思维发散性越强,就越容易打开视野、触发灵感。

在公文写作中,可以适当运用发散思维来寻找灵感。例如,可以对问题进行多角度思考,或者对解决方法进行多方面的设计,也可以对语言表达进行多种思路的推敲等。当然,思维的发散与聚合要相互补充。一般而言,利用思维的发散来形成灵感,再利用思维聚合寻求多种可能中的最佳方案。这样,公文的结构和内容都将获得全面提升。

第五步,广征意见,吸收学习。写作者之所以能够产生灵感,同其脑中兴奋点的形成、维持和转移紧密联系。公文写作中,作者应该借助多方面的外界因素,激活自身脑海中的兴奋点。比如,当感觉自身思维迟钝、思路阻塞时,写作者有必要离开电脑,从现实中寻找灵感。

在撰写年终工作总结时,办公室科员小于陷入了困境。领导要求写出整个机关和过去不相同的工作成绩,最好是在新的工作领域中取得的突破,但他无论如何也找不到这样的成绩。为了找到灵感,在下班后他特地邀请几位同事聊天,聊天没有主题,就是围绕一年的工作随便谈谈。

果然,七八个人随便聊聊的气氛,激发了参与者的讨论热情。好几个同事畅所欲言,谈了自己所在科室一年来的工作成绩。小于从他们的话语中找到了两点突破,回到家一个通宵就完成了公文的草稿。

类似小于的这种头脑风暴方法,就是在符合保密要求的条件下,虚心向领导或同事、群众征询意见,收集更多新信息,然后在这个过程中激活脑海中的兴奋点,从而产生灵感。这样,写作灵感会被重新点燃,从而顺利地完成工作任务。

当然,公文写作不可能像文学写作那样依赖于灵感。写作者的悟性,更多应表现在对理论的研究和语言的把握上,尤其是需要抓住上级意图加以领悟，才能让灵感的发挥有其用武之地。

## 2.7 按规律去写作，写作者能行

公文写作，几乎是每个公务员在入职之后迟早都要接触到的。作为写作新手，应该主动克服畏难情绪，将公文中的理论分析明白，把逻辑叙述清楚。当然，要达到这样的水平并非一蹴而就，因为公文写作水平的进步有其自身规律，需要写作者在实践中不断学习进步，写作水平才能有所提高。

为此，写作者必须要找准公文写作进步的规律，其规律性主要体现在公文写作的阶段上。一般而言，公文写作具有三个阶段，即从模仿和学习，走向熟悉和掌握，再到熟练和精通。在不同的阶段上，不同的写作者停留的时间、花费的精力和学习领悟到的内容可能都各不相同，但总体的实践趋势是大体相同的，这也正是公文写作的规律所在。

### 2.7.1 模仿与学习阶段

在模仿和学习阶段，刚刚走上工作岗位的公务员，既对行政业务不太熟悉，也对公文的基本格式要求和写作特点只有粗浅的了解。在这个阶段中，动笔写作不是最重要的，而是应该看大量的范文。只有从范文中不断学习积累，写作者才能真正从感性上和理性上掌握公文的相关要素，包括公文的主题、结构、格式、语言和材料等。

新公务员小刘曾经是个"文学青年"，很喜欢阅读文学作品，对自己的写作功底也很有信心。当他进入机关之后，科长并没有马上让他写作公文，而是拿出厚厚的几盒文件材料，说是前几年的档案，让他好好学习一下。

小刘一开始不以为然,但科长给了他另一个任务:每阅读完一份文件,就试着脱稿将其重新写出来。

面对这样的"任务",小刘信心十足,但真正操作起来就很快发现了问题。自己读完文件后,不是感觉头脑空空,就是感觉无从下笔复写。这时,他才明白公文写作的确应该从模仿开始。

小刘的经历告诉我们,行政写作的实践规律是难以推翻的,任何有志于从事这项工作的公务人员,都不应违背其发展规律,更不能试图用自己的一套方法来学习公文写作。事实证明,缺乏应有耐心和谦虚态度的人,连最初的模仿阶段都难以适应,也就更难在公文写作的道路上长久前行。

公务员工作的环境充满了公文写作的模仿与学习机会,不管是其拿到的上级文件,还是在报纸和网络上看到的文章,甚至是在日常工作时了解或观察到的同事手笔,都是写作者最好的学习素材。不妨在工作的机关中确定几个重点模仿和学习的同志,了解他们是如何写作的,多接触和阅读他们的文章,这样,写作者就在无形中获得了最为有利的写作经验。

### 2.7.2 实践阶段

经过最初一两个月的模仿和学习之后,公文写作的工作正式进入实践阶段。此时,公文的主题、格式等特点应该已经牢牢熟记,写作者在公文写作的文字上也能做到从容驾驭。此时的公文写作,感觉已经不再是过去的单一模仿,而是真正在"做"文章。值得注意的是,越是在这样的程度,写作者越容易失去方向。

×处公务员小郑正处在公文写作的实践阶段。入职两年来,经过最初的努力模仿和学习之后，她已经掌握了大部分通用公文的正确写法，但对于常用公文中那些更加看重思路的文种，她却遭遇到了瓶颈。面对总结、汇报或者领导的讲话稿，小郑发现自己虽然会写，但写出来的内容却往往层次杂乱，或者叙述不贴合实际，或者议论不切合主题。

小郑的问题，也是许多公文写作者曾经遇到的。按照公文写作规律，在这个阶段，写作者必须在文章的结构和内容上深入研究，从而获得提升。在结构上，要懂得将文章的框架归类理顺，这样即使篇幅再长的文章也能够层次清晰，避免用力过猛或过轻而导致篇幅不均匀；在内容上，则需要写作者大胆舍弃那些并非核心的材料，集中力量在最主要的内容上，从而让观点和材料之间联系密切，避免相互脱节的现象。当然，在这个阶段，公文格式依然要重视。因为此时的写作者自认为已经完全理解格式，反而容易因为大意出现问题。

### 2.7.3 熟练写作阶段

当实践阶段过去后，公文写作已经基本达到一气呵成的地步。写作者准确把握公文格式，同时又能不受格式的束缚，并进而写出新意、写出精炼和写出文采。

在该阶段的实践中，写作者应该善于提炼公文的主题，能够让公文有足够深邃和新颖的主题思想，这样公文才显得生气盎然。为此，写作者应该在实践中花费更长时间去提炼那些看起来普通的文章内容，找出其中深刻且能够反映本质的主旨。同时，公文还有必要写得更加简洁和精彩，语言达到准确、形象、鲜明、生动。

总之，当进入该阶段后，公文写作者应该避免文章出现"油滑"感，要不断探索新的深度和广度，遵守公文写作实践规律，达到新的写作境界。

## 2.8 笔杆子就是比奉献

"能写"公文者都知道,写一篇文章并不算困难,但能写一辈子的公文,考验的就不只是写作者的能力和思想,同时也考验其是否具有伟大的奉献精神。

### 2.8.1 写作的辛苦与心苦

不少机关文秘人员经常用一句话自嘲:"笔杆舞得好,科员做到老。"这句话虽然有些偏激,但在一定程度上反映了现实。公务工作毕竟强调社会管理、公共服务,政府内部看重的也是实在的业绩,虽然公文写得好能够帮助一个机关、一个单位甚至具体到一位领导在外界树立良好形象,但公文写作者本人的才能展现和价值体现很可能只停留在书面上。因为他们忙于积累资料,忙于写作公文,没有时间也缺乏机会真正进行基层工作的实际锻炼,并因此影响了个人的发展。

×县县委的文字秘书小马,最近状态很不好。他感觉自己好像在一夜之间就对写作失去了兴趣,只要一接到新的写作任务就感到头皮发麻,甚至连电脑上的Word都不想打开。直到领导马上就要催文件了,自己才依靠经验随便写出几千个字。

其实,小马原来并非如此。刚入职那几年,他很快熟悉了几乎所有公文的格式,为县委书记写出的讲话稿还曾经获得过市领导的好评,其他的通用公文更是写得工整通顺。但这两年来,他发现公文写作越来越没意思,自己职位上升很慢,始终在文字秘书上徘徊不前,而其他的秘书因为跟着领导工作,有的调动升迁,还有的结交了大量社会关系,再看自己却似乎"一无所得"。如果比经济收入,自己更是失落,当初一起研究过网络小说的朋友,今天已经成了小有名气的编剧,一集剧本的稿酬要上五位数。

小马觉得，自己不是不会写，而是不愿意再这样写下去了。其实，小马家里的经济条件不错，并不缺钱，他也不是很羡慕看似风光实则忙碌的领导职位，但他就是不想继续在这样的岗位上待下去……

公文写作背后的苦和累，只有真正准备文字材料的人才能理解。白天要忙于日常工作，下班后很可能因为还要走访调研而忽略了陪伴家人，直到深夜，小区里依然亮着的那盏灯映出自己公文写作时的身影……尤其是初写公文者，在忙碌了一个通宵之后，充满希望地将稿本交给领导阅览，得来的却是领导一堆修改意见。这种欲哭无泪的感觉，是每个公文作者都经历过的。

更不用说，人活在世界上，总难免存有私心，想过得更好。但同样是"码字"，职业作家、网络红人、剧本写手在完成作品后，不仅能够光明正大地署上自己的名字，还能够拿到不菲的稿酬，实在是物质和精神的双重收获。公文写作就不同了，写作者无论写得多好，都不代表个人，而是代表整个机关集体，或者是为某个领导"代写"而已，至于经济上的收入，则更是分文没有。

正因为如此才说，公文的写作，需要技术和经验，更需要奉献精神。

## 2.8.2 奉献是公务员的本色

在行政机关工作，无论是性质和职责都和社会上其他工作不同。文化产业追求盈利和市场评价，并因此能够给写作者丰厚酬劳。行政机关需要的则截然不同，中国共产党的宗旨是"为人民服务"，现代政府的理念也是在纳税人依法纳税的基础上做好对全社会的服务。因此，公文写作不是为了个人的索取，而是写作者必须完成的工作使命。

同时，奉献虽然是付出，同时也是个人的所得。虽然在写作道路上有种种艰辛，但其中的乐趣也妙不可言。当写作者能够轻松熟练地打造出文章的架构，当写作者的文字内容被领导不约而同地一票通过，当写作者的文章刊登在媒体上获得群众和同事的一致好评，当写作者的思想转化成文字进而改变了某种不合理现状的时候，写作者同样能够收获到金钱和物质无法买来的幸福感。另外，由于写作者具备了写作的能力，相比其他人多了和领导及社会接触的机会，也多了属于自己的一技之长。这些潜在的收获，都会因为写作者默默地持续付出而转化为个人的财富。

公文写作的确需要奉献，但并不是外界所想的那种"吃亏上当"，更不是什么"为他人作嫁衣"。既然写作者选择了这一行，就应该有坚定和强烈的奉献精神，将小我融入大我之中，将为他人写公文变成为自己写公文。有了这样的奉献精神，写作者才能将公文写作当作自己生命追求的一部分来努力，才会拒绝敷衍了事和粗制滥造，才能不厌其烦地一次次接受新的工作任务，并不断修改和反复推敲……

### 2.8.3　换个角度看公文

不妨换一个角度来看公文写作吧。

首先，摆正视角，多了解周围公务员的具体工作内容。如果写作者真正深入观察他们，就会明白远离文字工作的他们并没有写作者想象的那么轻松。不管是下乡、进企业检查，还是跟随领导工作，都需要承担比文字工作更大的责任，付出更多的心思，处理好更复杂的人际关系。相比较而言，文字工作或许要求写作者多一份执着，但却多了一份简单。

其次，摆正心态，了解人人在社会上都需要为他人付出。付出的"价格"固然不同，但付出的态度应该相似。否则，写作者只能变得越来越懒散，越来越失去责任感。换而言之，如果写作者对自己已经熟悉的公文写作失去了应有的敬业精神，写作者又能在什么样的工作上重新开始并保证自己不会再次厌烦呢？

最后，摆平生活，学会解决生活和职业之间的矛盾。虽然公文写作任务繁重，但通常情况下，公务员的双休日是得到国家法定保证的。公文写作者应该学会合理安排自己的休息时间，做一些可以开阔心胸、积极有益的业余活动，认识一些能够帮助写作者自我提升、丰富阅历的朋友，抽出时间陪陪父母、配偶和孩子。经过这样的休息，写作者才能够解除公文写作带来的疲劳，成为越来越"能写"的公务员。

# 第3章 做会写的公务员

随着工作中的不断锻炼,写作者的公文写作能力也随之逐渐提升,从开始的一知半解,到能够正确地写好一篇公文,相信写作者也于此道路上付出了许多心血与努力。但仅仅"能写",还无法满足公文工作的需求,公务员更应做到"会写",即明确公文写作的技术要点,并根据自己的实践情况进行专项研究和训练,这样才能取得更快的进步。

## 3.1 一切围绕主题

主题在写作中被广泛重视。一篇文章有怎样的中心思想，就应该体现出怎样的主题。主题不是单纯的事实材料，也不是文章体现出的个别思想，而是贯穿整篇文章的基本逻辑和观点。

值得强调的是，主题，习惯上的理解往往更加偏重于思想认识方面。例如，文学作品、新闻报道或者评论文章中的主题，大都是反映作者的主观认识和看法。公文主题是传递作者要采取行动的意图以及背后的原因、规则等。例如，一篇上级向下级的通知，就没有什么"思想观点"而是直接提出要求，但写作者不能因此认定这样的公文没有主题，实际上只是主题的表现形式不同。

通常来说，公文的主题可以分为下面三大类型：

第一种类型，公文中对客观事物表现出的看法与观点，主要是以陈述事实为手段来体现，包括调研报告、汇报、通报、工作总结、说明等。

第二种类型，公文对收文者提出的要求和主张，主要以交代应办事件和采取措施为特点，包括决定、指示、通知、计划、方案等。

第三种类型，结合上述两种类型，既有着传递事实又有着办理事务的主题要求，这样的公文通常将事实和要求并列放在主题中。

为了能够将主题确定准确，除了选择好主题类型，写作者必须在动笔之前进行充分思考，采取不同的方式去表现主题。众所周知，公文主题应该"露而不藏"，在尊重客观事实的基础上，为了满足公文的实际需要，直接将主题推出。

以下介绍三种表现主题的方法。

### 3.1.1 开门见山法

在公文开头，就用一两句简明扼要的文字概括文章要表现的中心内容，揭示公文的主题。公文接收者只需要阅读公文开头，就能明确公文主旨所在。通常，指令性、法规性的公文经常使用类似的方法。例如：

关于认真学习贯彻落实中央八项规定的通知

各党支部：

为认真学习贯彻落实中央关于改进工作作风、密切联系群众的八项规定精神，结合中心实际，现就认真学习贯彻八项规定有关事项通知如下：（下略）

这篇通知公文在篇首利用介词"为"引出行为依据、要求和目的，展示出整篇公文的主题。

又如下文中：

对矿产资源开发进行整合是集中解决矿山开发布局不合理，实现资源规模化、集约化开发的重要手段，是从源头有效治理矿业秩序混乱的基础性工作，是调整矿业结构、促进矿业经济增长方式转变的有效途径，对建设资源节约型、环境友好型社会，走新型工业化道路具有重大意义。（下略）

此例同样是一份指令性的文件，在篇首没有用介词引入，而是直接展现事实，将行文的作用和意义明确无疑地阐述出来。

### 3.1.2 抛砖引玉法

根据文种和内容的需要，可以采取在文章开头部分首先陈述问题的现状，然后将此作为公文措辞的背景和原因，引出发布公文的目的与依据，从而表现出主题。这样的主题表现方式，通常可以在请求性公文或指令性公文中看到。如下公文：

关于成立乡一级青年文化中心的请示

县党委：

我县共有人口14464人，14～35岁青年5039人，设团支部13个，青年团员860名。长期以来，广大团员青年在县党委、县政府的正确领导下团结拼搏、勇于进取、求真务实、开拓创新，发挥了推动全乡经济社会发展的生力军作用。随着市场经济体制的不断健全，农村改革的不断深入，团组织形式和工作方式已不能适应新形势下青年发展需求，迫切需要改革和创新。因此，为了深入贯彻党的××大、团的××大精神，进一步发挥共青团组织作为党的助手和后备军的作用，创新农村基层团组织，结合我县实际，请示成立乡一级青年中心，现就有关事项，请示如下：（下略）

该公文以"因此"作为主题呈现的划分。在"因此"之前，是问题的现状和具体背景，在"因此"之后则是请求本身及其目的和依据。

### 3.1.3 逐步揭示法

在某些陈述性的公文中，文件的开头并不适合直接展示主题。例如，综合性工作总结、调研报告、情况通报等。由于这些公文的内容和形式都有很大不同，因此，它是在文章开头先采取概括性的文字统一介绍全文,然后在不同段落中归纳要点,并最终体现出公文全篇的主题。

例如:

某林业部门的工作总结,首段在几句简单介绍背景之后,概述为"圆满完成了年初计划中的各项工作任务",之后每段分别为"林业产业工作""退耕还林工作""森林防火工作""绿化工作""林地保护工作""有害生物防治工作""野生动物保护工作"等不同的要点。在总结完成这些要点之后,全篇主题也就跃然纸上,具有很强的说服力。

当然,公文表现主题的方式还可以运用"首尾呼应"等其他方法。但无论何种方法,主题思想的展现都和文章关键词的选用密切相关。在某些情况下,找准一个关键词语,能够激活写作思想,提升文章主题。因此,写作者完全可以在构思文章时自由发掘关键词,然后抓住其中最基本和最主要的内容进行分解、组合、衍生、推广,进而提炼出鲜明的主题观点。例如,可以抓住关键词进行演绎,用独特的方式去阐述中心思想,或者利用汉语词语中字义多变的特点,挖掘词语中字的新涵义。在某机关人事处的工作总结中,"做好干部的人事管理,既要熟悉人,也要做好事"。这种说法让公文显得富有新意,同时具有针对性。

又如,写作者可以考虑采取关键词引爆法,即以某一个词语为核心,将和其接近的词语包括同音、同义、近音、近义词铺陈到全文中,反映主题的不同侧面。在某领导参加党组织思想教育活动的会议讲话上,围绕"信任"一词,写作者分别用了"群众信任""同志信任""领导信任""组织信任"等主题词语,强调只有通过积极参加思想教育活动,才能建构起组织内部应有的信任。

## 3.2 把握切入的角度

角度,是人们在观察事物和思考问题时各自选择的位置。由于位置不同,过程和结论也就会不同。正如苏轼在《题西林壁》中所写,"横看成岭侧成峰,远近高低各不同",同一个客观目标,如果选择不同的位置观看,就能挖掘出其不同的侧面。

在公文写作中,写作者应该从不同需求出发选择角度。善于选择角度的人,即使是类似的问题,也总能够让文章充满新鲜感,并能满足不同环境;不善于选择角度的人,写出来的公文相当乏味俗套,让人感觉是在糊弄差事。

"我市去年企业用电量稳步上升,已达到×××万千瓦·时,近三年来,每年以7%的速度递增。"这份材料,我曾经用在两份完全不同的公文写作中,第一份是调研报告,主题为"城市工业水平的发展情况";第二份为加强环保工作的请示,用来作为"进一步重视环保污染预防控制"的依据。

可见,同一个案例,不只限于一种解读方法。究竟让读者如何去解读,和写作者选择的切入角度关系很大。

选择公文写作角度,实际上也就是对公文所使用材料进行再度审视。同一件客观事物,如果写作者从不同角度加以分析和提炼,就能够呈现不同的公文内容。

### 3.2.1 公文切入角度的取决因素

第一个因素,是现有材料体现出事物的不同特点。任何搜集到手的材料都是由不同部分组成的,这些部分构成了材料整体的不同侧面。

当写作者需要选择切入角度时，就是在选择能够突出某一部分特点的内容。

第二个因素，是公文接收者的需求。对于上行文而言，选择材料中请示或辅证特点的内容更为有效；而对于下行文来说，选择材料中指示或指导作用的内容则更为重要。例如，同样是一年工作计划，在向上级汇报时，应该将计划中需要上级指导、帮助或批准的内容作为重点；下发给基层单位时，则应该将计划中需要他们注意执行、推广的做法作为重点。下面是一篇工作总结的节选：

创建学习型机关，打造人民满意的税务部门

今年以来，我局以"创建学习型机关，打造人民满意的税务部门"为目标，积极探索和丰富学习型机关的新方式，通过对干部教育培训力度的加大，进而提高税务干部队伍的综合素质，促进了税务工作的改革与发展。局机关先后获得全省精神文明建设工作先进单位、全国税务系统先进集体、全市政风行风评议先进集体等荣誉称号。下面将我局在创建学习型机关中的一些做法和体会加以总结。（下略）

一份好的公文，切入点应该有较高的定位。"学习型机关"的打造如果只从学习本身来写，当然显得立意较低而且视角狭窄。本文从税务工作和干部队伍素质入手来定位"学习型机关"活动，就能有新的视角和思路。在实际写作时，不妨适当提高原有材料中具有特色的材料内容，让其显得更有亮点。

一、建立健全不同层次的学习机制，营造良好学习环境。（下略）

二、努力开展内容丰富和形式多样的学习活动，对干部队伍的综合素质加以提升。（下略）

三、积极改变干部的思想观念，提高税务干部为经济社会发展服务的能力。（下略）

总之，通过创建学习型机关活动的开展，我市税务系统在工作面貌、干部素质和工作效能等方面取得了较好的成绩。与此同时，我们也认识到，学习型机关的建设并非一朝一夕可见成效。在未来的工作中，我们将更好地学习其他兄弟部门的经验做法，采取更为有力的措施，努力将学习型机关的建设活动开展得更深入，为我市的经济发展带来更大生机和活力。

正如此公文的方法一样，在对材料加以全面搜集和整理之后，写作者还应采取发散和集中思维相结合的方法，对材料内部不同层面进行反复分析与综合，探寻其各个方面如何共同表现综合主题，并可以在文章最后再次得到升华。这样，文章内部的切入点可以有多个，升华结果只有一个，大量的材料由此建立有序架构，提炼出明确观点。

例如，本案例中，原稿只是写在创建"学习型机关"中该机关如何计划、如何安排活动、如何总结等。显然，这样的切入点并没有真正深入到活动本质，也没有共同的目标。在修改之后，经验总结重点放在了整个活动的不同做法上，并在最后的段落里得以升华。这样的切入和收束，能够使得文章更有说服力。

### 3.2.2 寻找公文切入角度的方法

一是找闪光点，即选择材料中最有意义的侧面来写。不同事物有不同侧面，其侧面反映的思想也有所不同。

二是找突出点，即选择事物中最能够突出表现的局部作为侧重点写。这种方法犹如在摄影中的对焦，"屏蔽"那些和本质特点关系不大的情况，抓住某一个局部或某一个点来展开，集中深入地从细微方面入手说明整个情况。一般来说，在公文写作中，写作者可以选择最具特色的工作成绩、最具新意的经验积累和最具有现实意义的措施方法等，作为写作的切入点加以挖掘。

三是找新点，即在原本看似平淡无奇的事物中寻找新的观察点，进而研究问题、认识情况。尤其是在调研报告、简报或者信息一类公文中，有相当部分的内容以研究问题为主。这就造成了其中部分问题是他人曾经关注或研究过的，写作者应该寻找新的观察点加以研究。

四是找共鸣点，即从上级或下级关注的角度来选择公文写作角度。向上提交的公文材料，往往需要从上级的角度来选择材料，尤其是其中业务性较强的，更应该注意领导的关注点，确定其材料的侧重点，突出文章的针对性。

## 3.3 选对笔下的文种

行政公文有不同的体裁文种，除了通用的13种法定文种外，还有大到总结、计划，小到便函、条据之类的事务性公文。这些事务性文种有着更多名目，例如方案、安排、纲要、简报、研究、声明、白皮书、规章制度、表扬信、慰问信、感谢信、推荐信、倡议书、申请，等等。

如此多的体裁，决定了写作者不仅要能写，更要善于选择和分辨，能够明确自己应该选用怎样的文种，包括文种的格式、是否对语言文字有特殊要求等。一旦在撰写公文时选错了公文文种，就犯了低级错误而会贻笑大方。

为了能选对公文文种，公务员必须熟悉以下选择的方法。

### 3.3.1 根据行文目的进行选择

了解行文目的，不仅能够确定文章的主题，更能确定文章的种类。例如，同样是上级向下级布置工作，如果行文目的主要是决定重大行动、重要事项，或者是为了对有关单位及人员进行奖惩，就应该选用"决定"。如果是为了将相关公文批转给下级单位，或者对某些事项进行要求的传达，就应该选用"通知"。

例如，下文之所以选用通知，是因为只是对事项的传达，而不是宣布重大决策。

    ××县人民政府办公室关于集中组织开展2015年无偿献血活动的通知

各乡镇人民政府，县政府各部门、各直属机构，××园区管委会：

为践行社会主义核心价值观，弘扬"人道、博爱、奉献"的红十字精神，保障我县临床用血安全充足，构建高效、有序、可持续发展的无偿献血平台，根据《××市人民政府办公室关于印发2014年××市无偿献血招募计划的通知》（滁政办秘〔2014〕74号）精神，经县政府同意，集中组织开展无偿献血活动。现将有关事项通知如下：

一、献血时间及地点

集中献血时间为2月中旬至4月中旬，采血车停放地点：老法院门西侧；采血车负责人：×××；联系电话：××××××××（献血者数量超过20人及以上的单位，建议提前与献血车负责人联系，安排献血车就近采血）。

二、献血单位及任务计划

（1）本次参与集中献血单位为全县各乡镇、县直机关、事业单位及企业。

（2）任务计划：各乡镇、县直机关及事业单位按单位在职人员总数的10%组织献血；企业按职工总数的8%组织献血。

三、献血注意事项

（1）献血时须携带本人有效身份证件，多次献血者请携带《无偿献血证》。

（2）献血前一天请注意休息，不要饮酒，不要熬夜，保证睡眠充足。

（3）献血前请不要空腹，可吃一些清淡食物。

在通知中，将献血有关的详细事项列举清楚，体现了行文用于"开展无偿献血"这一活动的直接目的。

## 3.3.2 根据行文对象和行文机关之间的关系加以选择

即使是同一事项，如果行文对象不同，应该选用的文种也有所不同。例如，为了获得对某项行动的支持而向上级机关行文，就应该用"请示"；如果是向同级机关行文，就应该用"函"。

××市统计局关于请求拨款的函

市财政局：

我局原有132m²砖瓦结构车库（平房）一处，因年久失修于今年雨季突然倒塌，急需修复。经测算，修复共需资金30万元。因我局除财政拨款外无另外资金来源，故请能予临时拨款为盼，以便解决车辆越冬之急需。

以上，望关照。

附：维修图纸与预算

××市统计局

由于统计局和财政局属于平级单位，对工作事项使用"函"是正确的文种。在现实工作中，一些单位因为对方掌握着"财政大权"或"人事大权"，将"函"变成"请示""报告"等文种，这是非常典型的对公文文种的错用。

### 3.3.3 根据行文对象的具体数量决定文种

例如,"通告"应该是在一定社会范围内使用的,"公告"则是向国内外宣布的重要事项。

北京市新闻出版局通告

《北京市国内新闻单位驻京记者站管理规定》已于1993年12月17日经市人民政府批准(京政法发〔1993〕73号),现予发布施行。

北京市新闻出版局

由于面向的是"北京市国内新闻单位"这一特定社会群体所发布的信息,因此采用了"通告"。相比之下,使用"通知"和"公告"则有所不妥,"通知"应该是政府上下级之间的指令关系,"公告"则更多面向国内外。

### 3.3.4 问题究竟出在哪里

虽然有上述原则,但在实际公文写作中,还是经常出现由于写作者的失误,导致文种被错误使用,结果破坏了公文应有的法定效力,或即使具备法定效力但达不到行文应有的目的与效果。

1996年7月,某县遭受相当严重的洪涝灾害,损失惨重,第二年春季又遭受了冰雹灾害,造成更加惨重的损失。然而,该省在实施救济时,并没有将该县列入重灾地区给予政策支持,第一批救济经费只发给了40%,邻县受灾程度较轻却得到了60%。这种情况引起了该县部分干部群众的不满意,认为是县政府领导没有认真向上反映。事实上,该县对救灾工作没有什么疏忽，而且及时将受灾的损失和需要解决的问题全部以正式的上行文向省委和省政府做出反映。

原来，该县上报的公文标题是，"关于我县遭受特大洪涝灾害情况的报告"。这篇报告的内容汇报不可谓不详细，包括雨量多少、水位超过警戒线多少米、水灾造成的财产损失以及抗洪救灾的措施和典型事例等，最后才是要求省委和省政府解决的问题。结果，按照"报告"类公文的处理程序，省委办公厅将之交给省委秘书长签字并转省委救灾办处理，救灾办也并没有将那些问题单独拿出来进行特别对待……

在案例中，文种使用不当引起了最终的错误处理。事实上，"报告"和"请示"不同，报告文种的目的在于向上级机关进行工作汇报、情况反映、提出建议和答复询问。上文案例中该县如果需要获得救济，写作者应该选择"请示"的文种，这样才能获得上级机关的指示和批准。正因为如此，在《党政机关公文处理工作条例》中明确规定"请示应当一文一事。不得在报告等非请示性公文中夹带请示事项"。无论是用"报告"取代"请示"，还是将"请示报告"连在一起作为生造的文种使用，都会导致工作失误。

类似的错误还有不少：

一是向有关的平行职能部门请求批准事项，本该用"函"，却用了"请示"。例如，有单位写公文给财政局或人事局，选用的公文种类应该是"函"，却为了显示对其职能的尊重而选择"请示"。

二是上级机关对下级机关进行评选、表彰或者批评，强调的是教育性，应该用"通报"并非"通知"。例如，在"×××局关于2006年业务骨干能手评选情况的通知"中，就是将"通报"文种错用为"通知"。

三是对事务类公文中各个类型之间的区别不熟悉。例如，同样是计划文种，规划、计划、方案、预案之间就有所不同；同样是规章制度文种中，规定、规则、规范等区别也应体现在实际写作中。

公文文种固然复杂，但找准使用的依据，恰当选择文种并正确拟稿，写作者就能越来越熟悉不同文种之间的异同点，从而规范撰稿。

## 3.4 巧构思，做好布局与衔接

公文的布局，在一定程度上被写作者忽视了。其中有写作者自己的问题，也有公文本身特点的原因。不少通用公文种类，因为其内容单一，在长期实践中产生了固定结构，不需要写作者自行设计布局。

### 3.4.1 结构布局的种类

固定结构的外形布局，主要有以下几种：

第一是篇段合一式。即整篇公文只有一段，由独立的一段文字形成一篇公文。这种体式主要用于命令、公告和内容简单的决定、函等。

第二是概要分条式。即在公文开篇前进行概要揭示，对全文的中心内容加以概括说明，之后，根据文章内部的若干问题依照主次顺序先后分条进行叙述，并用数码序号进行标明。这样的格式通常运用于下行公文中，包括通知、指示、通告、公告或者稍微复杂的决定和决议等。

第三是分列小标题的格式。这种格式将整篇公文分为若干段落，每段的中心内容可以分别归纳成不同的小标题。例如，指示性的通知、决定、决议、通报等可以采用这种结构。

第四是全面分块格式。即将全文划分成为几个大部分，然后相对独立并各自为章。采用这种形式的公文包括工作总结、报告等。为了能够将分块的部分划分清楚，在其正中位置标上带有括号的（一）（二）

（三）等序号。

第五是转发格式。即利用批转、转发或者转述的格式，将上级或者平级部门的来文转发给下级机关，这样整篇公文就形成了引用转发的关系。

第六是以章、条、款分列的方式设置公文格式。即整篇公文除以章来区分外，还要在章的内部设置条和款，这样内容之间隶属关系就非常清楚。一些常用公文如章程、规定、规则、办法、细则等都采取这样的布局格式。

### 3.4.2 内容布局的种类

有结构的布局格式，同样有内容的布局格式。内容布局格式，主要围绕公文具体内容而来。

例如，在"批复"种类的公文中，通常的结构为在公文开头说明已经收到对方请示，并在其后部分表示同意或否定相关事项，最后用特此批复作为结束语。如果是否定的，还应该说明具体理由。这种格式可以总结为"答复问题"结构。

**国务院关于同意将山西省太原市列为国家历史文化名城的批复**

国函〔2011〕28号

山西省人民政府：

你省《关于申报太原市为国家历史文化名城的请示》（晋政〔2009〕25号）收悉。现批复如下：

一、同意将山西省太原市列为国家历史文化名城。太原市历史悠久，文化底蕴丰厚，历史遗存丰富，城市建设特色突出。（下略）

除此之外，还有"提出"问题结构，如情况简报、通报等公文；"提出—解决"问题结构，如公告、函、决议、通知等；"提出—分析—解决"问题的完整结构,如指示、指示性通知、报告、决定、决议;以及将上述四种内容结构打乱,重新结合在一起,针对不同的单独问题再提出、分析和解决的内容结构。

问题是,如果只会写这种具有固定结构的公文,并不能让写作者应对任何一项任务,尤其是写作那些内容较为复杂的公文,其结构上应该有着不同设计,从而完成公文应该承担的任务。在这种公文中,依样画葫芦地采取"三段式""四段式"就显得过于笨拙,有必要应用更多技巧来谋篇布局,这就需要做好段落和段落之间的衔接。

### 3.4.3 做好段落衔接

段落衔接,是指不同公文内容层次之间做好衔接与转换,从而起到承上启下的作用。通常情况下,运用过渡方法进行衔接是最稳定可靠的。其中,可以用的过渡词包括"总之、为此、可是、相反、据调查、由此可见"等,过渡句则包括"现请示如下""分以下方面进行说明"等。

当然,即使是较为复杂的公文,也不需要所有段落都进行过渡,段落过渡集中在下面两种情况:

首先是内容转换时的过渡。在公文写作中经常有讲述完某个方面的问题之后,接着分析另一方面的问题的情况,这两方面之间经常是对立的,因此,需要上下文之间自然转折过渡。

例如,在一篇工作总结中,作者先列举了本机关取得的成绩,然后用了下面的过渡段进行转换:

> 在成绩面前,我们应该清楚地看到,无论我部门在具体的业务工作上,还是在日常的行政工作上,都存在着一些值得反思和改正的问题。这些问题主要包括……

采用这样的过渡段落,能够让前后两方面不同的内容衔接在一起,让整篇公文显得自然合理。

其次是总分结构的过渡，即从公文前面概述内容转换到分述时需要进行过渡。例如，某机关的年度工作计划，先在开头的段落提出全年工作的总体指导思想，然后分别在每个段落采取过渡语句来具体提出人事、业务、纪律、学习等不同层次的工作计划。这样的过渡显得平衡而匀称，符合公文本身的特点。

### 3.4.4 加强关照和呼应

除了内容的衔接，公文也需要文章在不同部分相互关照和积极呼应。这样文章的内容布局才能得到有效串联，不至于相互脱节，反而会更加浑然一体。

一是采取标题和内容对照的方法。公文的标题应该照应文章主要内容，而内容尤其是开头内容，则同样应该照应标题。其中，例如批复、请示和报告这样的文种，更要通过标题直接表明公文的核心内容。

二是采取开头和结尾密切关联的方法。文章开头和结尾双方相互呼应，做到内容一致。下面是一篇部署企业安全检查工作的通知：

关于×××市厂矿企业安全生产大检查工作的通知

×××部门：

为了解和掌握2012年第一季度全市企业安全生产工作情况，部署落实安全生产工作，结合年度安全生产监督执法计划，经研究，拟于近期在全市范围内开展一次安全生产工作检查。现将有关事项通知如下：

（下略）

这段文字在开头即开门见山地表明通知的主题内容，让公文主题得以直白展现。在通知的结尾，写作者写道："通过本次安全生产大检查,将进一步加强安全生产管理,有效防止重大事故发生,促进安全发展、科学发展。"

可见,通知结尾处是对开头处的呼应,起到前后对应的效果,更好地强调了安全检查的重要性,加深了公文接收者的印象。

三是采取前后照应的方法,即公文后面的内容和前文内容相互对照。例如,在写作一篇社区文化建设情况的调查报告时,作者先列举和分析了当前本地社区文化建设存在的三方面问题,随后提出了解决问题的办法,且与之前的问题一一对应。如果没有采取这样的照应方法,文章内容就会中断,整篇文章结构就失去了严密性。

无论是公文的布局还是衔接,都是为了体现内容本身所使用的手段。用好这些手段,更好地为自己的写作能力库储备多样的"武器",就能体会到公文写作的成就感,并从中获得形式美和内容真的双重乐趣。

##  3.5 提炼事实论据,融会观点和主题

公文写作中,只有单一的分析是令人乏味的,无法起到公文应有的说服、引导或教育效果。写作者应该在文章中用足够的事实和理论来论证和说明文章的主旨,公文才富有逻辑性和说服力。

需要重视的是,并非任何事实和理论不经处理都能够作为论据来发挥作用。论据提炼得好,公文就能够合理地确立和表达主旨;反之,公文本身会失去应有的依托。

因此,要让公文质量出色,充分发挥其应有效用,就需要对论据加以提炼并正确运用。

在公文中,论据的说服力集中体现在事实论据中,包括事物的真实情况和产生原因。这是因为事实具有很强的说服力,用好事实材料,

能让接收者更快地认可公文观点,并加快他们的理解速度,增强公文的表现力。尤其是事务性较强的公文写作,离不开对上述因素的运用。例如,在通报中,公文需要陈述相关事实,并根据这些事实来论证对有关单位人员进行表彰或批评的合理性;在请示中,需要写出做出请示的原因;在报告和总结中,需要将所涉及的事实情况写清楚。

在公文中,运用事实论据要做到真实准确和典型切题。在这基础上,才能着手对事实论据加以升华提炼。

## 3.5.1 真实准确

真实意味着公文写作中引用的事实论据必须绝对存在,不能有弄虚作假的地方。因为一旦公文引用的论据失真,就会导致公文整体作用大打折扣,甚至造成失误并可能引发一连串问题。

例如,在某机关学习教育活动总结报告中,提及该机关虽然通过教育活动涌现出了一批努力工作的先进干部典型,但实际上在活动前,机关本身存在着作风懒散、工作马虎、形式主义等问题。这样的事实论据写出来就令人感到真实可信。相反,一些公文作者为了能够让文字内容看起来更加漂亮,一味地粉饰现实情况,让文章中的数字、事例更加接近上级领导想得到的结果。这样的公文写作无形中已经误入歧途,不仅谈不上对论据的升华,同时已经违反了公文写作的基本纪律。

值得注意的是,所谓真实,需要的不仅是细节上的真实,还需要能够在公文内容中表现事物的本质特点。写作者应该让真实性同必然性结合起来,下面这篇请示有着很好的范例作用。

**关于开展专业技术人才表彰工作的请示**

县政府:

近年来,由于我县人才流动加速,科教文卫等事业单位中出现少数人对工作热情不够、工作荣誉感不强的现实情况。为认真贯彻落实全县人才工作会议精神，不断对我县人才队伍的积极性加以提高，激励全县事业单位专业技术人员努力工作、刻苦钻研，用更好的精神面貌参与到建设经济强县、富民升位奔小康的事业中，我局拟开展"××县杰出专业技术人才"和"××县优秀专业技术人才"评选工作。（下略）

在写作请示时，必须强调引发请示的事实背景，但在强调背景情况时，应该集中写同相关工作有必然联系的事实背景，并非某一个细节或侧面的背景。这样文章才能显得更加真实。

上文中，强调的事实背景主要集中在如何提高人才队伍的工作热情，并没有同其他事实联系起来，类似人才队伍的工作环境如何、个人收入如何、工作效率如何等，都没有必要放入文中。这样就把阅读者的思维方向集中在应有的目标上，即"组织评选—个人荣誉—提升工作热情"的思考逻辑上，这样的事实铺陈可以起到升华事实论据真实性的作用。

### 3.5.2 典型切题

在公文写作中，写作者经常会发现，鉴于公务活动复杂的特点，能够用来对观点或者结论加以证明的事实很多，但由于公文篇幅有限和文种性质，不可能罗列事实材料，必须在写作前对事实材料加以甄别选择。这就需要将那些能够深入反映事实的材料写入文中，而不是将缺乏代表性和说服力的事实作为论据写入。

例如，某乡政府办公室主任写作一篇函，希望县环保局能够参与到对该乡一条主要河流进行治污清理的工程。在函件中，他写道：

由于河流污染较为严重，经常散发出刺鼻臭气，引起周围一些群众的不满，并多次建议进行治理工程……

这篇函所运用的事实论据的确真实，但不够典型，缺乏足够的说服力，以致县环保局迟迟不愿意出面。

其实，办公室主任完全可以换一个角度引用事实，突出河流污染对全县整体工作的影响。例如，引发了某市一级媒体记者的关注，曾经多次打电话询问；河流两岸居民的体检结果显示污染有可能影响其身体健康等。这样就使得写这篇函的缘由富有典型性，既是事实又集中明确，让环保局能够充分感受到进行集中治理的必要性和迫切性，目的就容易达到了。

在典型之上，公文的写作还应做到切题，即事实论据需要针对理论观点或结论进行。这样，事实就不再是单独出现的叙述，而是达到同理论论据有机结合的境界。可以说，凡是那些具有说服力并言之有物的公文，都能在观点、结论和事实论据三方面做到紧密结合、相辅相成。例如，某市纪委在《关于解决当前我市行政服务窗口工作作风中几个问题的通知》一文中，首先明确表明自己的观点：

最近以来，在我市行政服务各窗口中，部分工作人员的服务态度和工作效率的问题并没有完全遏制，反而有所发展，出现了影响群众办事感受、影响政府机关部门形象的新问题。

随后，为了对这一观点加以证明，文中用六个方面的事实论据加以论证，具有典型的说服力，并进一步指出问题的性质和严重性，证实了公文观点的正确性。

通过抓住典型和切题两方面，能够让公文阅读者从事实、观点和论证三方面统一的角度，加深对公文内涵的理解与把握。

## 3.6 引用理论依据提升思想境界

如果说事实论据是公文的"肌肉"所在，那么公文写作中运用的理论依据，就可以看作其"骨架"的支撑力量。能够用来承担如此重要任务的理论依据，不仅有马克思列宁主义、毛泽东思想、邓小平理论，还包括国家的法律法规、党的方针政策、会议精神与决定决议等，其他如科学定律、名人名言和格言谚语等也能够被引用而成为理论依据。

在公文写作中，理论依据同样可以用来证明文章的观点和结论的合理与正确，这是因为马克思列宁主义、毛泽东思想和邓小平理论，是在中国革命和建设实践中被充分检验的真理，在公文中恰如其分地应用，能够使得文章具有不容置疑的力量；党的方针政策、国家的法律法规，本身就具有极强的权威性、约束力，放入公文中能够直接成为指令性公文、决定性公文的法定依据和理由；会议精神、决定和决议，因为体现了领导集体的思想和智慧，也具有相似的规范与约束力；科学定律、名人名言、格言谚语是社会发展历史中形成的思想，运用起来不仅可以让公文显得文采斐然，还能简单直接地实现意图的传递。

当然，运用理论依据，方法同样重要。如果生硬地将理论依据放入文中，既无法显得自然亲切，还可能适得其反。下面的要点值得注意。

### 3.6.1 理论的融会贯通

在引用有关理论依据，如经典著作或法律法规、方针政策时，写作者必须对之加以准确地理解和学习，真正理解其中的精髓，然后才能加以运用。如果尚未弄清其背景和针对性，就望文生义地盲目应用，难免显得牵强附会。例如，在某市住房和城乡建设局下发的《关于做好农民工欠薪发放工作的通知》中，有这样的文字：

各房地产开发企业：

"经济基础决定上层建筑"，农民工欠薪发放工作，关系到我市经济建设发展，关系到社会的稳定、繁荣与和谐。根据近日市政府颁发的《××市建设领域规范农民工工资管理办法》（×政规〔2014〕2号）有关要求，现发通知如下：（下略）

"经济基础决定上层建筑"是马克思主义的经典理论，但这一理论经常被错误运用。实际上，在马克思主义哲学中，经济基础和上层建筑两大概念，只应该用来指代包括生产关系、社会制度和法制建设等宏观的概念，不应该用在社会微观现象或个人层面。在这份通知中运用这一理论，明显和通知本身的目的不符，无法体现说服力，反而让人感觉有故意拔高的嫌疑。

### 3.6.2　依据的得体使用

在公文中运用的不同理论依据，需要注意对上下文内容进行结合，即充分考虑到行文本身的风格和语境，使得文字和理论之间自然紧密地连接起来，杜绝出现毫不相干的内容被硬塞在一块的情况，给阅读者以文脉顺畅的感觉。

在一篇题为《××市高新技术企业发展情况调查报告》中有这样一段文字：

……我市属工业城市，国有制的传统生产制造企业长期占着主导地位，高新技术企业起步晚，且大多属白手起家，虽经10年左右的发展、完善，但总体规模不大，有技术代表性的民营大企业少。邓小平同志曾经说过"科学技术是第一生产力"，互联网时代下的市场竞争现状也说明，高新技术企业能够为地方经济发展做出更大贡献。例如，近三年来，高新技术企业为我市共累计创造利税近亿元……

本文引用了邓小平同志的名言，目的在于说明高新技术企业的重要性，从表面上看似乎没有什么不妥，但结合上下文可以看出，具体到该市现实情况中，能够表现这一重要性的还是在数字和事实上，这样的引用显得生硬多余。如果将之删掉，不仅不会妨碍文意，还会让文章更加顺畅和自然。

### 3.6.3 语言风格的统一性

值得提醒的是，公文中运用名言、诗词、格言、谚语等文字时，还应该注意尊重公文整体的语言风格，千万不能随意而为，使得一句话破坏了整篇公文应有的特点。尤其是一些强调严肃和庄重的公文，更不应随意引用通俗或口头化的语言。

例如某镇政府向上级提交的一份年度工作总结中，这样描写农民生活在本年的变化：

> 随着本年度各项惠农政策的深入执行，我镇农民的钱包更加丰满，日子越过越好，就像吃甘蔗由尾吃到头越吃越甜。

这样过于口语化的文字，并非完全不能使用，但如果通篇皆然，则缺少必要的庄重感。如果要将这样的内容写入公文，可以改为：

> 随着本年度各项惠农政策的深入执行，我镇农民的收入获得切实增加，生活幸福感也大为提高。

总体来看，公文运用理论依据，必须做到恰当和适度。是否恰当和适度，标准并不固定，而是要结合具体文章来看是否能充分说明问题的同时，又能恰如其分地尊重文章的整体。满足这样的原则，相信理论依据必然能够为论点铺就更为强大的逻辑关系，进而证明公文观点和结论的正确性。

## 3.7 文章不厌千回改

好文章都是修改出来的。这句话不光适用于文学领域，同样适用于行政机关公文的写作。在《论语·宪问》中有孔子的这样一段话："为命，裨谌草创之，世叔讨论之，行人子羽修饰之，东里子产润色之。"这段话是孔子对郑国行政公文制作过程的描述，意思是：郑国每份文件的写作，都由裨谌先起草，然后由世叔来推敲并提出修改意见，再交给负责外交的子羽进行具体修改，最后由子产来润色。孔子特别向弟子们重点介绍这样的事情，显然是赞许这种郑重对待公文而不厌其烦修改的做法。

在公文写作中，从一开始的起草阶段就需要加以修改。这时的修改，主要表现在对概念表达、判断表达、推理逻辑和客观事物的陈述是否准确和鲜明上，同时需要作者注意到文章的前后衔接、过渡、关照等方面。通过这个阶段的修改，文章能够获得良好的草创结构并形成初步内容，是进一步修改的基础。

由于初步修改难免会局限于上述具体问题，或只体现在文章的局部，因此难以彻底解决全文存在的问题。因此，在草稿完成后，还需要进行全面修改，即通观全局，并从这一高度着手对文中的材料进行提炼、疏通、弥漏、补缺、更换和调整，语言文字的细致润色也是在这一阶段完成的。

总体看来，公文的修改基本可以分为两大阶段。在这两阶段中，修改者的态度和认真程度将同公文最终质量有着密不可分的联系。

### 3.7.1 内容修改的出发点

具体来看，公文的修改方法主要包括以下几种：

一是修改思路。公文写作，作者的思路是基础。在开始修改前，应该仔细回顾写作思路，再结合具体文字看思路是否正确，如果发现思路中存在偏差等问题，就要进行重新梳理，甚至改弦更张。

二是修改主题。主题如果不明确，公文的整体意图就会显得含糊。修改时应该看材料的主标题是否准确、中心思想是否明确、文章内容是否符合主题的要求。

例如，在转发性质的文件中，有些机关的文字秘书将不同层级或者部门转发过的文件标题都列出来，结果导致标题里面的逻辑关系相当复杂。

一次，某局拿到从上级部门转发省里相关业务部门的通知，根据局领导指示，办公室要将其转发到基层部门，新负责公文起草工作的李秘书写完文章，没有多想直接把"关于转发×××《关于转发××× <关于×××的通知>的通知》的通知"这种标题冠在文章前面，其后的修改也根本没有注意到标题。

当领导看到这样的标题时，只是摇了摇头，表示难以理解，然后原样退回办公室，让李秘书重新修改。

事实上，这样的标题在逻辑上没有问题，也没有产生原则性的错误。但正因为写作者只是注意原则规定，忽视了公文主题的修改，结果出现了标题冗长和累赘的情况。实际上，遇到转发三个层次以上的公文情况，可以在修改时直接用"转发+最高层次上级名称+所转公文标题"

的形式直接作为标题，并清晰地体现主题。

三是修改观点。观点是为主题服务的，如果观点正确，就能让公文的论证过程站住脚。写作者在检查观点时，既要看其是否符合客观实际，也要看其是否符合法律法规与党和国家的方针政策，对其中存在脱离实际或者老生常谈的观点应该果断删除修正，并重新进行总结和提炼。

四是修改逻辑。逻辑是文章内部的神经脉络，如果出现混乱就会导致整篇公文的健康状况大受影响。写作者在修改公文时，要注意对逻辑结构加以考查，判断其结构是否严谨、编排是否有序、前后表达方式是否存在颠倒矛盾的情况、内容是否和主题相互脱节等。如果发现文章中存在类似现象，应该及时、果断地进行调整，从而理顺逻辑关系。

如××省人民政府办公厅《关于深化"四风"整治、巩固和拓展党的群众路线教育实践活动成果的实施意见》的初稿中，作者在开头这样写道：

> 为了进一步深化"四风"整治，进一步巩固和拓展党的群众路线教育实践活动，现就我省深化"四风整治"工作，提出如下实施意见。

在修改过程中，作者发现"进一步深化'四风'整治，进一步巩固和拓展党的群众路线教育实践活动"本身就是标题所示的公文主旨，却因为放在"为了"介词结构中而与活动目的相互混淆，逻辑上变成"为了深化整治，现就深化整治提出意见"的错误关系。为此，作者对之修改如下：

> 为了总结利用好教育实践活动的宝贵经验，始终保持反"四风"的高压态势，现就我省深化"四风"整治、巩固和拓展教育实践活动成果，提出如下实施意见。

这样的逻辑，才显得规范和科学，也让修改真正落到了实处。

### 3.7.2 从多方面入手修改

除上述内容方面的修改,作者还有必要在素材、文字语言和格式方面进行改动。

首先,将公文选材中那些缺乏直接主题感的"原料"删去,将可以直接体现主题思想的"真材实料"予以保留,整篇文章会因此显得更加精炼与丰满。

其次,还应确保公文中的语言词句精准、到位,语句清楚而通顺,不能出现语病或歧义情况,看起来模棱两可的词句也应删除。

例如,"同意你机关第三次党员大会选举产生的第三届委员会由六人组成",这句话中"同意……委员会"和"委员会由六人组成"成分杂糅在一起,并没有准确地表达内涵,可以修改成为"同意你机关第三次党员大会选举产生的第三届委员会,委员会由六人组成……"。

又如"近年来,我市居民家庭汽车保有量数字迅速增加,其中原因是由于城市文明指数不断进步、居民平均收入迅速提高"。其中,"由于"表示了原因,可以去掉"其中原因"这样的重复词语。

对字词和语句的修改,应该确保原意能够更好体现,同时保证句子成分完整。这样公文才能既有丰富的思想内涵,又有规范整齐的文字表达。

最后,是对公文格式的修改。每个公文文种都有其固定格式,格式如果缺乏规范性,就会导致公文失去权威性和严肃性。公文内在的套路,则随着文种的不同有较大差异。因此,写作者在修改文章过程中,还要注意对材料外在格式和内在套路的调整,如果发现不符合公文文种本身特点的格式与套路,就要及时纠正,使其符合材料的主题内容。

## 3.8 用好语言调色板

无论公文有怎样的具体分类，语言都是其信息的载体，也是表达公文中心思想的工具。离开了写作者手中的"语言调色板"，公文难以存在。而写作者语言运用水平的高低，也会直接影响公文的质量。

### 3.8.1 善用规范性用语

想要有丰富精彩的公文语言，首先要对公文规范性用语有直观的了解。即使并非从事公文写作的人，只要在政府部门工作过，也会或多或少地懂得公文规范性用语的重要性，或者将之称为"官方感觉""文件味"。这种特性虽然不能完全代表公文语言的要求，但确实是语言调色板上的基色。

公文有着如下种类的规范性用语：

一是段落开端用语。段落开端用语通常是为了表达文章写作目的、依据、原因和伴随情况等，如为了、遵照、按照、根据等。

二是引用来文用语。引用来文用语主要是为了引用来文的文字，如现经、现接到、收悉等。

三是表态用语。不同的表态用语能够表现出不同程度的态度，如必须、照办、立即执行、可行、原则上同意、不同意等。

四是称谓用语。对不同机关单位的称呼不同，如我局、我处、该同志、该单位、贵处、贵局等。

五是邀请用语。邀请用语表示发文者对接收方提出的期待和要求，如希望、切盼、请、恳请等。

六是征询用语。征询用语表示向对方征求和询问对有关公务的意见和态度的用语，如是否、当否、有无不妥、是否可行等。

七是结尾用语。通常这些用语用在公文的最末处来收束全文，如现予以通知、为感、为盼、此布、此告等。

另外，由于公文传递的信息是需要执行的，在公文的语言调色板中，经常用到的还有介宾词组。

如表示目的和手段的词组有"为了""为""按照"；表示对象与范围的如"对""关于""对于"；表示来源、方式的如"在""根据""从""遵照""按照"等。

运用这些词组的时候，通常应该将其放在语句的状语或者定语部分连续使用，对句子起到应有的限制作用，让公文中表述的内容更加严谨和科学，其目的、范围、对象和依据等都能显得更加明确。

### 3.8.2 用好简缩语和模糊语

公文需要精确的用语，但仅仅精确还不能完全承担公文语言文字所需要扮演的角色。在语言调色板上，简缩语也是常见的习惯用语。这种用语使原本显得复杂累赘的语句能够得以高度简化，可以在不损害语句内容和意思的基础上对字词进行重新概括。例如，十八大、中纪委、八项规定等。但在使用简缩用语时必须注意，不能生造一些简缩语来使用，同时应该结合前后文判断其是否能够使用，避免产生歧义。

能够起到类似作用的还包括模糊性语句。所谓模糊性语句，并非指词语的意思容易产生歧义或者模糊不清，而是相对于具体词语的词语含义。例如，在某省教育厅下发的《关于加强和改进×××工作的意见》中，有这样一段文字："目前，不利于×××工作开展的种种社会环境和消极因素依然存在，在新形势新发展的要求下，必须统一思想、提高认识，加强和改进×××工作……"

在这段文字中，不利的社会环境和消极因素具体指什么，并没有也不可能详细周全地罗列；如何统一思想、提高认识，则应该由收到公文的单位作出具体部署，也不是省一级教育厅需要一一罗列出来的。在这种背景和要求下，就必须充分发挥模糊性语句的作用。

在某些不需要或者不便使用准确详细的语言来表述的情况下，模糊性语句反而更具有代表性，概括性的表述更能够保证其准确性。同时，运用模糊性语言，能够让一些表述留有足够的回旋余地，便于基层在具体执行时有所变通，防止机械和教条的做法出现。

### 3.8.3 努力对语言进行润色

当公文语言调色板上的基色已经准备好后，在具体调色过程中，需要注意以下几大原则：

一是语言的准确性。拥有准确语言，才能对事物客观地表述，并对工作和事物给以积极影响。这就需要写作者能够拥有对客观事物准确的认识，并能够在头脑中存储丰富的语言词汇，以便写作时挑选使用。

二是语言的简洁性。随着现代行政机关工作节奏加快，需要用最短的时间尽可能传递最大的信息量，这样公文效率才能够提高。为此，写作者必须对公文的目的和受众有充分了解，对有些问题可以做到一笔带过，有些问题则要交代清楚，还有些问题应该重点铺陈，才能让语言轻重合理且言简意赅。

另外，语言的简洁还要表现在对字词、语句和内涵的"精炼"上，尤其是指示性公文，应该最大限度地对文字量加以压缩，提高公文的信息传送效率。

三是语言的通俗性。公文语言应该做到浅显易懂，而不是一味追求文字表面的"典雅华丽"，要看重其使用的效果。越是言浅意深的文字，越容易让收文者迅速理解和把握其主旨所在。当然，通俗并不意味着和"庄重"相矛盾，公文还是应该主要使用书面用语，慎用口语，更要慎用方言、土语、网络用语或者随便生造的一些"缩略语"等。

掌握了上述语言运用的基础，公文写作时，语言的调色板就有了其应有的使用规则。但要真正形成自身写作的特点，还要不断对调色板中的颜色加以填充，提高使用语言文字的境界，能够充分积累词汇，提高自身选择词语、组合句子的能力。

"巧妇难为无米之炊"。脑海中积累了大量词汇，能让公文写作者受益匪浅。在需要的时候，合适的词语信手拈来，也能体会到文字创作的乐趣。

为了积累丰富的词汇，可以选择向多种信息来源学习。

那些专业从事公文写作的文字老手在其最初的公务生涯，每天都会浏览各部门的重要文件，对其中精彩字词和段落加以摘抄，并前后熟读，借以扩充自己的阅读量。他们还会在下班之后经常性地收看《新闻联播》、阅读《半月谈》《人民日报》社论等，将时下聚焦的热点问题以及相关的政策、法规加以熟悉，无形中也了解了相关的语言字词。

正是有这样的长期积累，他们打开电脑就能迅疾投入公文写作，引来诸多惊艳的称赞。这并非他们天赋所在，而是有意识地不断进行自我训练和提升的结果。

总之，对语言调色板的打造并非一朝一夕，在长期艰苦而持续的练习与储备之中，如果写作者依然能甘之如饴，手中的语言调色板才会闪闪发光，写作者才能超越众人。

第  章

# 讲话稿：让领导讲话更有底气

在公务写作任务中，经常要给机关单位领导写讲话稿。若写作者能通过讲话稿赢得领导赏识，以后在事业上的发展肯定会平步青云。那在这之前，写作者得了解如何才能写好一份讲话稿。

## 4.1 代上位者立言

起草讲话稿,是公文写作任务中的一项重要工作,也是公务员在日常工作中履行职责的重要方式和途径。要写好讲话稿,就需要认真了解什么是讲话稿,探求其中蕴藏的规律,把握文体的特点,并在实践中总结提高。

讲话稿之所以重要,是因为与机关单位领导者的公务活动直接相关。不论国内国外,还是政府或非政府,领导者对组织加以管理、引导和监督的形式中无不包括开会研讨。既然要开会,领导者必然需要发言,发言大都需要一份好的讲话稿来整理思想、借以发挥。因此,公务人员能够写一份内容恰当且文采斐然、可以同时让领导与听众都满意的发言稿,不仅能够体现个人的工作能力,也更容易在领导面前展现才华,为未来更大的舞台打好基础。

### 4.1.1 写好讲话稿的价值

2002年,科迪·基兰从美国西北大学毕业,一直在参议院爱德华·肯尼迪的办公室担任法律助理。后来,他为了提高自己的学历,考入哈佛大学攻读硕士生。在入学的第一年,他进入了后来成为美国总统奥巴马的竞选写作团队。为了能够做好这份实习工作,他不断地听奥巴马的声音和语调,花通宵时间看奥巴马的演讲视频。很快,他毕业后就正式进入了奥巴马的写作团队。

2011年1月8日,在亚利桑那州一次枪击案后,奥巴马必须在4天后的哀悼仪式上讲话,而写作团队的领导忙于写国情咨文,初出茅庐的基兰接受了这项任务。结果,他为奥巴马写出的演讲稿深情动人,让白宫新闻发言人都破例对外宣布了写作者的名字。

2012年3月,基兰成为白宫写作团队的领导者,他投入到负有更大责任的写作任务中去。其中最重要的是每年的国情咨文写作,如此重要的讲话稿需要整个团队多次修改。在完稿前的72小时,基兰坐在他位于白宫西侧的办公室,几乎没有休息,靠饼干和咖啡支撑来最终定稿。与此同时,奥巴马则会不断根据草稿进行演练,对其中的具体用词提出改动意见,这样的修改甚至会持续到最终登台演讲前。

基兰说:"我们的工作,就是让总统永远能够传达出新鲜有趣的信息,永远有强有力的论断。"这句话代表了领导讲话稿写作的重要性。

在中国,为领导写讲话稿同样重要。尤其是对于不同机关单位中的办公部门来说,其中最直接、最经常的服务是面对领导的,重中之重则是公文起草工作。而且机关单位的有关重大部署和重要决策大多会以讲话的形式,先由主要负责的领导在一定范围的会议上讲,然后通过正式文件下发执行。因此,写好讲话稿,不仅是为领导做好服务,而且是为整个机关的工作做好铺垫,提高整体的工作水平和质量。

对于写作者个人而言,写讲话稿是发挥工作中积极主动性的重要方式。在写作讲话稿过程中,首先可以不同程度地了解和把握领导的思路,学习到领导决策的精神,对自身工作能力和经验会有不同程度的提高。同时,如果设计和起草的公文稿得到了领导的认可与采纳,并最终以领导的讲话形式正式下发,实际上起到了以文字提出意见、以文字帮助决策的作用。笔端流动的思维和实际工作中的操作得以知行合一,能够得到较好的工作锻炼。

### 4.1.2 既要有我,也要无我

总体来说,领导讲话稿是"代上位者立言"的写作。写作者既需要做到有我也要做到无我。所谓"有我",即有写作者个人的思考和研究，具体表现在领导讲话稿需要表达的思想内容、需要起到的实际作用；所谓"无我"，意味着写作者不是给自己写文章，也不是为整个集体写文章，而是以上级领导者个人的角色写出实用性很强的文字。如果不能写出优秀的讲话稿，很可能影响到整个单位工作成绩。

2010年，江苏省睢宁县开展了"最差领导讲话评选"，对2009年全年县里各部门会议中领导讲话稿进行评选。整个评选涵盖了县四套班子的领导、各镇、各县直部门负责人的所有讲话稿，共有252篇讲话稿参加了评选，最终评选出的最差讲话稿是《以对人民群众高度负责的态度切实抓好应急避难场所建设》。这篇讲话稿标题看似很大，真正介绍下一年工作计划的只有300字不到，以高达2.4万的票数"顺利"当选。

可以想象，这样的讲话稿缺乏具体内容，通篇都是口号、空话和套话，难免令听众感到厌烦，成为"最差"也算是实至名归。

### 4.1.3　讲话稿写作的原则

为了避免出现类似的问题，在为领导发言写作时，必须把握好以下几个原则：

一是要做到重点突出、主题鲜明。领导者上台讲话，讲话的内容和其个人形象紧密相连，如果领导说了很多，听众还不知道究竟是什么内容，对工作、对领导者个人都会有相当大的负面影响。因此，讲话稿的写作一定要突出重点、主题鲜明，提倡什么、反对什么、要求什么、禁止什么等，必须集中明确，不能含糊其辞。

二是要保证语言通俗易懂、生动形象。经常参加政府机关会议的人，对会议上的领导讲话有两种截然相反的印象，某些领导讲话生动有趣，听起来令人精神振奋；另一些领导讲话则味如嚼蜡，使人昏昏欲睡。其实，除领导个人性格和能力之外，讲话稿写作者的水平也很重要。擅长写讲话稿的人，能够避免讲话稿的"八股"感觉。虽然站在领导决策的位置上，却不是在枯燥地说教，而是使用生动活泼的语言展现清晰的思维脉络，具有充分的启发性和吸引力。

三是要确保讲话过程双向交流。讲话稿之所以要形象生动，是为了充分引起台下听众在情感和思想上的共鸣。虽然领导的讲话形式是"一个人讲给大家听"，但如果要台下的听众真正把思想听进去，就要促成双方的互动和交流。讲话文稿写得好，才能让这样的互动和交流充分有效地进行，而非表面上的单向传播。

## 4.2 读懂领导的心思

刚接触公文写作的人，经常有同样的感觉，领导讲话稿难写。

讲话稿和其他行政文体最大的不同之处，在于必须在动笔前读懂领导个人的想法。这种"读心"意识，有必要贯穿准备讲话稿的整个过程。

领导讲话，当然是为了传达落实上级的文件或者精神，但又和领导个人的职位、分管工作、具体权限和在工作中扮演的角色密切相关。所以，讲话稿应该具有典型性，在应有的内容基础上体现出不同的特色。否则，会因为笔下文字的单调，让领导讲话显得千人一面、毫无个性，给人感觉枯燥乏味、缺乏亮点。可想而知，这样的讲话稿肯定难以令人满意，也不利于开展工作。

代写领导讲话稿，和普通文案创作活动并不相同。虽然看起来都是在进行写作，实际上，做好这一任务的基础条件，就是在内心将自己认同为讲话的领导，认同为领导所代表的单位和组织。为了达到这种效果，应该从一开始就准确理解领会领导的意图，站到领导的角度观察和思考问题，进而最终形成合理的文案思路。

### 4.2.1　全面透彻了解领导意图

下面的范文是A省W市市委书记在"创建文明城市"全区工作现场会议上的讲话。该市已经两次参加"创建文明城市"评选活动而未能成功，领导认为，主要原因在于基层干部和普通群众对活动意义缺乏了解。因此，写作者抓住市委书记对"创建文明城市"重视的思路，并凸显活动的意义和价值。

**×××书记在全市"创建文明城市"工作现场会上的讲话**

同志们：

　　这次全区"创建文明城市"工作现场会议，之所以紧急召开是经过市委研究同意的，是非常重要的。

　　在讲话稿开头，我们看不到"假大空"的套话开篇，更没有什么口号召唤，而是直接表达领导对工作的重视和要传递的精神，因而取得了很好的效果。

　　今天我们走了全市几个重点地区，有成绩，也有问题。刚才×部长围绕目前情况做了报告，问题讲得全面生动，我表示赞成。请各位同志回去之后，向各单位领导和职工认真汇报传达、抓好落实。下面，根据市委常委研究的意见，我讲三个方面。

　　这段话承前启后，简洁明快，在简单介绍讲话意图后，直接说出

"我讲三个方面",作为提示之后重点的语句。这样,听众才不会感到节奏拖沓、昏昏欲睡,而是会主动注意聆听,以便更好地接受讲话内容。

第一,我们要充分认识到创建文明城市的意义和价值,坚定信心和决心。

今天的我市,正在展现跨越发展、科学发展与和谐发展的大好局面。从城市到农村都展现出生机勃勃的气象,从经济建设到公共事业都表现良好态势,社会的整体素质在上升。在这样的形势下,市委、市政府决定,动员全市力量抓住机会开展争创文明城市活动。这是进一步落实发展目标的重大举措,也是推进城市发展的现实要求,更是我市广大人民群众的迫切期待。(下略)

这段话介绍创建文明城市的大背景,并通过大背景的阐述为下面介绍该活动的意义和价值作出烘托。因为有了这段介绍,其后强调活动意义和价值的话语才更显有力,也更好地把握住了讲话领导的意图。

要看到的是,一些同志还需要充分认识到争创文明城市的意义和和价值。文明城市不仅是一块牌子,更是整个城市在区域竞争中的软实力。(中略)……创建文明城市,不仅对城市整体是好事,对人民群众个人的幸福感提升也是好事。城市是人民的家园,发展城市也要做到以人为本。在经济发展和生活水平不断提高的同时,群众对生活环境的质量也有更高要求,(中略)……所以,创建文明城市是惠民、便民、利民的好事和实事,做好了,就能让群众感到舒心满意。

这部分讲话稿从两方面即干部和群众的不同角度阐述活动的意义和

价值，实际上是针对现实中存在的不理解、不支持问题而表达的态度和意见。写作者在动笔前，事实上已经揣摩到领导的内心逻辑即"之所以需要强调活动意义和价值，是因为存在忽视活动倾向的问题"，而这段文字恰恰是解决这些问题的，可以说，写到了领导的心坎里。

　　当然，创建文明城市，同时也是一项急迫的任务。大家都知道，我市……（中略）等不文明现象时有发生，已经成为影响我市形象的牛皮癣，也和现代城市极不相称，影响了我们的城市声誉。进而言之，我市历史悠久，应该具备良好的文明城市品牌，今年要举办的"××文化节"更是直接把我们推向全省乃至全国文化建设的焦点下，成为备受国人瞩目的重要城市……（中略）通过扎实有效地推进工作，尽快实现文明程度明显提升，推动全市整体环境的变化。

　　（下略）

　　如果只是从干部和群众的思想认识角度解读活动价值和意义，就难以继续对讲话的中心主旨升华。因此，写作者在这一段中对活动整体地位可以适当提升，上升到能够影响整个城市长远地位的层次来强调。因此，这段论述所围绕的目标，比起前一段又有着质的提升，同时，写作者强调了干部和群众思想认识所能起到的作用。如果不能够站在领导的高度看问题，不能把握领导的思维意图，很难从讲话稿中体现出这样的认识层次。

　　通过范文的例子可以看出，只有真正了解领导讲话的意图，才能抓住重点，让讲话稿的作用充分发挥。为此，在撰写领导讲话稿之前，写作者最先开始的准备工作，就是抓住领导讲话的意图。

### 4.2.2　从不同角度把握思路

一般来说，除少数特别重要的会议，领导对讲话意图的交代，往往只是给出原则性的框架，甚至只是"一句话任务"，并不明确告诉写作者实际意图。这样，写作者就需要自己对领导的思路加以分析、整理、延伸、发展和深化，并能够看出其中蕴藏的最重要环节，使之形成完整而清晰的思路。

建议写作者从以下几方面考虑领导讲话意图：

一是要注意观察领导平时所表现出的工作理念和思维习惯，以及领导个人工作风格、应对和处理问题的方式。这方面，就需要写作者在日常工作中多接触、多观察领导，做到了解服务对象，才能更好地完成发言稿。

二是要积极了解领导在处理类似工作、解决类似问题时所秉持的基本态度和方法。同样，如果在平时不积极观察领导如何工作，那么写作时很容易脑中空空，写出来的稿子也难以贴近领导的思路，下笔千言而离题万里。

三是要随时关心领导在日常场合中如相关调研、相关交流和个别沟通时表达过的意见和倾向。写作者日常养成随手记录的习惯，每天加以整理，这样在设计讲话稿框架时就能有的放矢。

四是要通过查阅文件等了解领导的上级机关对工作的态度和要求。通过对实际情况的了解，也可以延伸思维，发现问题的症结根源，确保讲话稿内容落在实处。

总之，讲话稿不是什么官样文章，而是要用"我手写他心"，设法让自己和领导的想法保持一致，才能做好讲话稿文案。当然，做到这一点，更需要写作者日常坚持不懈的努力与积累，须知"为有源头活水来"，方能"问渠那得清如许"，成为领导难以离开的捉刀人。

## 4.3 有观点才能有分量

一篇讲话,自然是围绕主题进行的。但只有主题显然不够,"纂言者必钩其玄",在主题之外还应该有足够分量的观点,如同主题的众多化身,才能提高讲话稿的内在力量。

观点,是讲话人在讲话过程中所表现出的看法或主张。一篇讲话应该只有一个主题,但可以从同一个主题中"分解"出多个观点。如果这些观点中缺少新颖正确的因素,文章主题的表现就会显得空洞、枯燥,提纲架构"站"不起来;如果观点不正确,则更会连累领导的形象。观点既要抓准重点,又要体现出新的思想和认识,讲话稿才会有应有的影响力、应有的力度。甚至在某些情况下,如突发性事件、面对基层等,讲话稿的文字通俗、粗糙一点都可以,但观点则必须要排在最关键的位置。

### 4.3.1 观点的正确排列

下面是某镇党委书记在换届选举部署工作会议上的讲话:

同志们:

根据省、市、区委对乡镇党委换届选举工作的总体安排和部署,我镇党委、纪委环节选举工作将于本周开始全面展开。这次换届选举工作是实行"公开推荐"之后的首次尝试,上级重视,群众期待,顺利完成有着重要意义。虽然选举工作难度大、要求高、任务重,但我们一定要坚决地圆满完成本次任务。下面,我就如何做好本次换届选举,谈几点看法。

本段文字为整篇讲话稿亮出基本观点,换届选举工作虽然有种种压力，但必须要成功进行。这样的观点为整个讲话定下了基调，也体现了主题。

一、统一思想，提高认识，增强对换届选举工作的责任感和使命感

第一，做好换届选举工作，是加快我镇新农村建设进程的重要工作。从政治上……从经济上……（下略）

第二，做好换届选举工作，是打造基层民主政治良好环境的重要步骤。（下略）

第三，做好换届选举工作，是农村基层党组织建设的重要内容。（下略）

这段讲话，主要从意义上阐述观点。观点分别围绕农村建设、民主政治环境和党组织建设三个出发点展开，分别表述了换届选举的意义。这样明确的观点，对换届选举工作的强调就会令人非常信服。

二、把握好选举环节，加强程序层面监督，推进镇党委换届选举工作

第一，宣传动员要深入，强化正确引导，激发党员参与的热情，构建良好的舆论氛围。（下略）

第二，环节操作要严格、公平、公开。（下略）

第三，要紧紧把握政策、吃透政策，确保选举工作的合法与规范。（下略）

这段文字的内容，从具体选举过程上需要注意的事项上阐述观点，分别由宣传动员、环节操作和坚持政策三方面来支撑对基层的指导事项。通过这三方面观点，基层单位就会对如何开展换届选举工作有了基础性的认识，在实际操作中就不会失去准绳。

把上述两段观点加以提炼并罗列后，可以看出，一篇合格的讲话稿中，观点和分观点的排列就是整篇讲话稿的亮点所在。这说明，讲话稿本身的吸引力和发表观点的水平密不可分，有了观点才能有吸引力。对文字吸引力的追求，也并非只是为了增强讲话的效果，更是为了作者在动笔之前就清晰地看出观点是否真正新颖、充实，从而能让思维的重点得以充分凸显。

提炼讲话稿的观点，有必要注意以下问题。

### 4.3.2　找准观点的角度

世界是充满多样性的，同样，思想认识也不可能只有单一的层次、观察角度也不能只有唯一的立场。讲话稿写作成功的背后，是作者观点站立在什么角度的问题，只有当写作者的观点出发角度既正确又足够新颖，才能让领导在讲话中表达出与众不同的观点，得出令人信服的独到见解。

例如，参加本市非公有制经济讨论座谈会，领导作为某机关单位的负责人需要发言，这篇讲话稿的观点毫无疑问应该是正确的，写作者应该研究党和国家对非公有制经济的政策与法规，并得出全面地鼓励、支持和引导非公有制经济发展的观点。

但只有这样的观点显然是不够的，因为这一观点很容易被其他人所用，作者还可以继续深挖本地非公有制经济发展的特点，将目前本地的发展情况和存在问题搞清楚，并结合领导的年度工作计划和工作举措，使得起草的讲话稿具有更强的针对性、实用性。这样观点的角度才能贴合实际、符合需要。

### 4.3.3 对观点深度概括

观点之所以需要提炼，是因为讲话稿中的观点与日常生活和工作中的观点不同，需要根据事物的内涵总结提升到某个认识高度上去。这样的提升，离不开写作者的概括能力。如果概括力度太小，就会停留在细节问题上，从而就事论事，缺乏提炼。

例如下面这段在反腐教育动员会上市委书记的讲话稿文字：

*有的领导干部，在廉洁自律上依然缺乏足够的警醒，我行我素，经常违纪违规行事。尤其是在节日期间，没有遵纪守法，收受财物，自以为合理，实际上已经触及了党纪国法的底线。*

作为市委书记，在反腐教育动员会上应该站到更高的层面上，将已有的相关事例进行概括总结，指出这些问题背后的共同思想，批评警告其危害，没有必要举出"节日期间"来重点强调，因为毕竟这不是纪委的业务工作会议，这段文字犯下了概括力度太小的毛病。

当然，概括力度太大，又容易将原本不需要提升的事实拔高到过高的观点去对待，虽然文字上看起来立意提升，但容易让听众感到是刻意而为，观点和材料显得相互脱节。例如，"我县近年来的经济发展，都是由于坚持学习党和国家的方针政策取得的。"类似的概括，大而不当，有失精确，达不到理想的讲话效果。

### 4.3.4 弄清观点的参照体系

一般而言，领导关注的都是在工作中具有全局性的重大问题，是需要在其讲话中强调的。写领导讲话稿之前，同样需要根据领导的态度，选择与他们的目标相一致的观点作为重点。同时，对那些领导没有提及的观点，可以以上级观点、主流看法和社会舆论作为参考，并将之同领导的观点融会贯通之后再写进讲话稿。

作者在动笔写讲话稿前，有必要端正思想、找好方法去构建能够切实符合主题的观点体系。在经得起推敲的观点诞生之后，好的讲话稿才有可能应运而生。

## 4.4 提纲挈领打造完美讲话

在草拟提纲时需要注意，应该按照讲话稿通用的写作格式来整理观点，拟定提纲。

以最常见的工作会议讲话稿为例，通常由标题、开头语、主体和结束语组成。标题包括讲话者、会议名称、文种类别，当然也可以只写会议名称和文种类别，将讲话者和日期放在标题之下标明。

### 4.4.1 写好全局性开头语

开头语，是写作者草拟提纲的开始。通常来说，开头语需要列举出最主要的观点，即全文主题思想，这种观点必须是全局性的、战略性的，通常不能只是某一个侧面的观点。

例如，某单位领导在《群众性生态文明创建活动工作》的讲话中，开头语先概述了该活动的来源和背景，然后强调按照上级精神和要求，需要全面落实《群众性生态文明创建三年行动方案》，深入开展群众性生态文明创建活动。

这种方法就是将全文最笼统、最概括的观点列举出来。如果写作者经验不足，像写议论性文章那样，从全县生态文明目前存在的不足详细说起，就会令整个讲话力量不足，不能开门见山，也容易让听众如坠五里雾中。

### 4.4.2 认识主体展开方式

在主体中，通常可以安排两种方式来列举观点。首先是递进式，即以观点表述的内容层层递进，由一个观点推导出下一个观点；其次是并列式，即将开头语中的观点分解成几个不同的观点，每个部分都分别从不同侧面对总观点加以解释，分观点之间是并列关系。

上述两种方式，可以只用一层提纲，也可以在子观点中再进行分层。当然，分层太多显然对讲话者要求提高，也不利于听众的理解，因此，通常情况下不提倡多次分层。某些领导的讲话动辄"我讲下面五点"，每点中又"分为六项内容"，每个内容中"有三点要求注意的"，如此叠床架屋，实际上就是观点的重复，更是提纲结构的不合理。

### 4.4.3 结尾再次升华

在讲话稿的结尾，需要对讲话的主要观点再次升华，从而使得整个讲话的主题得以在听众心中重现，并得到升华。这是因为讲话的特点在时间上和语言上的不可逆性，在结尾重述观点，就显得尤其重要。

刚才，我们隆重表彰了我办在开展争先创优活动中涌现的先进党支部、优秀党员和优秀党务工作者，并为他们颁发了荣誉证书和奖状。在此，我谨代表党办组向受表彰的先进党支部、优秀党员和优秀党务工作者，表示热烈的祝贺并致以崇高的敬意！

这段讲话是对整个活动的总结，并以祝贺和敬意的表达将活动的意义提升到新的境界。

### 4.4.4 小标题制作方法

在厘清观点层次的基础上，根据不同观点列出一级小标题。这一级别的小标题代表为主题服务的观点。需要注意的是，小标题之间应该相互呼应并自然平实，并不一定需要为了形式的整齐而牵强附会。相反，应该注意标题之间的逻辑关系需要起到互补的作用，不能相互干涉、重复。

例如，在某个政治理论学习会议的讲话稿中，写作者列出了三个一级小标题，分别是：

一、要学习政治科学理论和相关知识，使自身素质和能力得到提高

二、要在改革开放和现代化建设的工作中进行实践学习，不断积累和丰富工作经验

三、要虚心向群众学习，为人民群众解决实际困难的同时提高自己精神境界

这三个小标题相互之间没有冲突和重复的内容，指出了学习的不同方向和形式，起到了相互补充、相互照应的作用。

反过来，在另一个全面推进当地环境保护工作的会议上，领导讲话稿的小标题是这样的：

一、落实环境保护工作措施

二、打好企业环保攻坚战役

三、深入农村治理污染问题

显然，三个小标题放在一起，形式美观，字数对应，但在内容的设计安排上，写作者并没有仔细考虑。第一个小标题的内涵已经包括了后两个标题，从逻辑上看，属于整体和局部的关系，不应该并列。写作者可以将第一个小标题的内容放到讲话稿的开头部分，然后将第一点改成交通污染治理等可以同后面标题并列的内容，这样，整个提纲内部才能得以平衡。

### 4.4.5 编制二级提纲

在一级提纲的基础上产生二级提纲，既可以用小标题，也可以不用，但二级提纲是为一级小标题服务的，从不同层面表现一级小标题的含义。

在制作二级提纲时，小标题序号的使用应该合理、准确。因为使用序号是为了让整篇文章的结构更加清晰，而不能因为序号编排不合理导致逻辑混乱、僵硬呆板。例如，有的讲话稿提纲在设计过程中，始终用"第一、第二、第三"，或"首先、其次、再次"等，显得过于重复臃肿。另一些文稿中，二级提纲内滥用序号，从1.2.3.到（1）（2）（3），加上英文字母从A.B.C.到a.b.c.等不一而足，结果满篇看上去都有序号，显得喧宾夺主。

在整篇提纲中使用序号都应该注意把握具体什么时候应该用，什么时候不应该用。如果不使用序号能够让文章表达清楚，就可以不使用序号。尤其是在主题集中、篇幅不长的讲话稿中，更是用得越少越好。即便使用序号，也应该尽量让形式有所不同。

实际上，很多序号完全可以用其他形式加以代替，来看下面这段从题为《对我省经济发展问题提出的建议》讲话稿首段中节选出的提纲：

我省经济发展目前存在的突出问题主要包括

1. 区域经济总体发展滞后，城乡差距依然较大。
2. 区域经济发展不平衡，对全省经济整体发展存在负面影响。
3. 区域经济结构不合理，产业化程度较低。
4. 区域投资增长缺乏后劲，拖累经济增长速度。

在这里，虽然用序号也可以，但由于讲话主题在于提出建议和方法，并不在于详细地讨论问题，因此，可以直接用分号来间隔，同样可以表明意思。

### 4.4.6　巧妙设置关键词

根据二级提纲，设置写作内容的关键词。关键词是为了表现二级提纲而设置的。在具体写作时，可以从这些关键词着手，包括讲话中列举哪些理论、提出哪些方面的要求、举出哪些具体事例等。另外，这些关键词应该各自承担"起承转合"的独立角色，即有些关键词用于整个主题的引发，有些则用于承接意思，还有些用于过渡与转折，另一些关键词则用于总结。这样，随着关键词的递进深入，文章的逻辑自然伴随提纲的完成而被厘清。

提纲的打造，从形式上是对结构的设计，从内容上则是对写作思路的开发与构建。写作者必须要按由表及里、由外及内的步骤，让笔下的讲话稿更加富有理性而灵动的感染力。

## 4.5　开头话语是亮点

古人说，文章贵在"凤头、猪肚、豹尾"，讲话稿的写作同样如此。所谓"凤头"，意味着开头语应该精巧美丽而足够吸引听众。好的开头语，能够起到开门见山、开宗明义的作用，尤其是开头的前几句话，是在听众和领导之间建立的第一座桥梁，肩负着拉近彼此距离、营造讲话气氛的任务。

### 4.5.1 开头语的常见错误

初学者对讲话稿开头却不能达到如此的重视程度。不少初写领导讲话稿的同志，经常表现为两种极端态度：

一种是在接到讲话稿任务之后，只能写出标题，然后加上领导名字、年月日，开头写上同志们和冒号，接下来就无法进入角色去写作了。一个小时、两个小时，还是徘徊在"观众席"上，无法走上"讲话席"，写出讲话稿的开头。

另一种则显得有些轻率。不少文字秘书接到讲话稿任务后定出标题，马上信手拈来地写下"开场白"。这些"开场白"几乎是千篇一律、雷打不动的，例如"根据党中央、国务院的×××号文件"或"根据市委、市政府×××会议精神"作为工作会议开场白，或者用"恰逢春暖花开，我们又迎来了……"作为礼仪场合的讲话，等等。实在想不出，就打开电脑中的网络浏览器，随便"搜索"一段类似场合中的讲话稿套用上去，似乎看起来也效果不错。

无论上述哪种情况，都是因为作者并没有真正将文章的开头当讲话稿亮点来打造。一旦写作者忽略了给讲话稿精彩的开头，很容易信手而写，最后让原本精彩动人的讲话稿变成泛泛而谈的"读书稿"。

### 4.5.2 开头语任务之一：吸引注意力

要避免上述情况，一定要懂得如何从开头抓住听众的注意力。

通常情况下，讲话稿开头语的主要任务是提出话题，对会议的主要议题、指导思想、目标任务等要加以研究、讨论和解决。其中包括说明会议召开的背景、原因、意义和讲话本身的意义，解释会议和讲话需要完成的任务以及主题，还需要表明讲话者的观点、态度，等等。

常见的讲话开头方法包括以下几种：

一是评价会议。评价会议是通过对会议进行评价开始讲话。例如，在某市上半年经济形势分析会议上，市委书记讲话的开头语为：

本次市委扩大会议，是为了分析上半年我市经济形势，围绕市委在年初确定的各项经济目标来研究并部署下半年工作，确保全年各项任务得以顺利完成。刚才，×××和×××同志分别做了相关报告，下面我就目前我市的经济工作形势谈两方面看法……

这种讲话稿开头的方法应用最广，通常可在工作部署会议、汇报会议、总结会议等场合运用。在开头部分，写作者应该明确写清楚会议是由谁主持召开的、有哪些人参加、会议时间和任务、议题的安排。

二是总结工作。总结工作是讲话者从对某一时期的工作进行总结入手，引入开头语，其中也可以讲到会议的参加者和议题，该方法大都用于总结或表彰性质的会议。例如，某县县委书记在县财政工作会议上这样开头：

本次全县财政工作会议，中心议题是回顾去年以来财政工作，明确今年财政任务，选准工作突破口，抓好开局之年，加快实现县财政经济的良性循环。大家都知道，去年以来，由于国际经济形势受到金融危机的影响，我县财政工作面临的压力也较大，总的问题表现在如下几个方面……

三是介绍当前。与上一个开头方法相比,这种开头侧重于对当前工作环境的分析,主要包括会议召开时的周边形势,以及会议前作出的考察和研究结果、发布的会议精神和重要文件、重要决定等。这样的开头通常适用于工作总结会议、工作部署会议等。

如某省组织部长《在××市领导干部大会上的讲话》的开头部分:

根据工作需要,省委决定,对××市委主要领导的职能进行调整。这次市委主要领导职能的变动,是省委根据实际需要,为了优化领导班子结构、加强干部交流而综合考虑的,是正常的调整……

这段开头简洁明了,将会议召开目的和上级所做决定的背景和内容加以结合。这样就为下面讲话的内容定下了基调、划定了范围,也让听众有了思想上的准备。

### 4.5.3 开头语任务之二:预示讲话内容

一是对问题进行分析,即通过指出目前工作中的问题,确立具体解决的目标,以此作为开头语。这样的开头方法也常见于工作部署性讲话稿中。

如某位领导在机关作风转变动员大会讲话的开头:

机关工作作风如何,对于我市政治、经济、社会和文化的发展有重要意义。从目前情况看,大多数单位都能在市委、市政府的领导下统一部署行动,机关人员工作勤勉、扎实苦干。但也有少数部门和单位中的部分同志,精神不振、工作疲沓、纪律松弛、作风涣散,直接影响了全局工作。正因如此,市委、市政府决定,召开本次转变机关作风大会……

二是祝贺成绩。通常可以在总结、表彰、庆祝类型的讲话稿中看到，主要是为了肯定过去的成绩，并祝贺受表彰的单位和个人。

如某领导在国企系统表彰会上的讲话稿是这样开头的：

为了表彰成绩、宣传先进，市政府决定召开本次国企系统表彰会议。刚才，×××同志等人代表市政府宣读了嘉奖令，几家国企负责人也都发言，会议非常热烈。借此机会，我也代表市政府向先进工作者和奋战在全市国企系统中的广大职工，致以崇高敬意和亲切问候！

三是说明会议内容。这是在一些大型综合会议的讲话稿中需要加入的，是这些会议的必然程序。通常，这些说明内容从讲话者的立场出发，并提前告知与会者自己将报告哪些内容，如人代会议、政协会议的讲话稿在开头都采用这种方法。

××市长在市政协八届四次会议上的开头语：

现在，我代表××市政府，向大会做关于我市国民经济和社会发展"十五"计划和2020年远景目标纲要的报告，同时报告市政府2001年工作打算。请各位代表连同纲要（草案）一并审议，并请市政协委员及其他列席人员提出意见……

当然，上述多种写法并不是单一的。根据客观情况的需要，能够将不同类型的会议讲话稿开头进行综合，以其中某一种类型来作为主体，再融入其他类型来开头。虽然写法多种多样，但有一点是相同的，即讲话稿开头应该力求简短而直白，能让人迅速领会到会议主题的重要性。

讲话稿开头醒目，能够让听众精神为之一振。同样，结尾写得好，也能给听众以完整的印象，使得他们在体会到讲话精彩的同时，更能受到启发、增强信心，因此打开了工作思路。

领导讲话稿的结尾，一般应该根据讲话内容的需要，采用不同风格的收束。好的结尾能够让讲话稿更加充满号召力、感染力和宣传力。因此，在写作讲话稿的结尾部分时，讲话语言应该有鼓动性，内容要有真正的号召力，从而营造出良好的气氛。这样，领导才能从中展现自己的魅力，最大限度地赢得听众的尊重和支持，将讲话的效果化作听众的工作动力，促进工作目标的实现。

讲话稿结尾的技巧，主要有以下几种。

## 4.6 用总结归纳收束

总结归纳法即在讲话即将结束的时候，用简短精练的文字对整篇文章的内容进行归纳和总结，艺术地对讲话的重点加以概括，从而突出讲话的要点。例如，"总之，只有进一步深化我市经济结构的转型，才能有真正的出路，改革才能得到加速发展。不转型，就无法克服困难，只能是死路一条。同志们必须要以更大的气魄和决心，采取更加有效的措施推进经济结构转型，掀起新的改革热潮。"

这种结尾的写法经常见到，在很多场合，都能起到画龙点睛的作用，并给听众留下深刻印象。

### 4.6.1 用预测未来收束

预期未来法，即讲话者根据已经讲过的全篇内容，对文章中心思想相关的事件延伸，进行预测和期待，充分展现自己站在战略高度所发挥的预见能力。这样，整个讲话稿具有展现未来的作用，从而能够一气呵成而毫无做作之感。

同志们，汛期即将来临，防汛任务光荣而艰巨。在群众路线的指引下，相信同志们一定会团结一心，紧密依靠群众，为群众谋利益。我们更有理由相信，在市委、市政府的领导下，今年防汛工作将取得新的胜利，并为富民强市、加快发展做出新的贡献！

这样，讲话者可以用自己的语言文字感染听众，激发他们对未来的希望和信心。

### 4.6.2 用号召鼓动收束

号召鼓动法。这种讲话稿的结尾方式也较为常见，具有相当的鼓舞号召力量。写作者用充满力量和色彩的语言文字，将讲话的气氛推向高潮。此时，还可以用直接的口号文字对讲话加以收尾。比如，"虽然环保意识的推广、环保工作的开展还会面临各种困难，虽然将蓝天绿水营造在城市乡村的每个角落还有待时日，但我相信，只要我们加大力度，落实各项措施，积极宣传推广，加大执法力度，就一定能开创我市环保工作发展的新局面！"

正是这种号召式的文字，能够让听众感受到激情，同讲话者共同去实现理想。当然，这样的写法不应堕入俗套，需要不断对新意加以追求。

### 4.6.3 用自然方法收束

讲话稿的结束也可以自然完成，既不需要刻意对结尾加以渲染，又不需要在文字上过于修饰，而是水到渠成地加以完结。一般来说，当正文结束之后，演讲的主旨意思得以展现，就可以用"我的讲话完了，谢谢大家"等文字来进行结尾。在一些非正式或更强调研讨气氛的会议上可以采用这样的结尾方法,讲话也将因此变得更加简洁利落,没有过多堆砌的感觉。

如"上面几个问题是我自己思考的,也希望同志们能一起共同研究,做出更好的回答,抓好会议精神的落实。"

当然,也可以采用较为谦逊、商量的平和口吻,如"我的认识和思考有限,上面的几点意见也不一定对,供大家参考。"

这样的结尾更加适用于研讨会议和座谈会议,因为这类会议的主题不是对工作任务的布置而是对问题的探讨,即使领导者出面也只是较多带有指导性的研讨,并非命令性的口吻。

### 4.6.4 避免结尾段落的问题

除了上述这些方法,对讲话稿结尾中有可能出现的问题也应规避。目前公文写作的实践中,经常会反复出现下面这些问题。

一是结尾相互雷同。不少公文写作者由于经常接触讲话稿,思维形成定势,几乎将每篇讲话稿的结尾都写成同样的格式。

> 坚定信心,树立目标,新的征途刚刚开始,让我们在×××领导下,在××精神的指引下,解放思想,迈稳步伐,抓住机会,不断进取,为实现××目标而努力奋斗!

这样的写法虽然没有犯错误,但问题在于不断重复同样的写法,就会显得千篇一律,脱离具体的背景,也谈不上根据场合不同选择不同的结尾。

二是在结尾凑字数。原本是较为简单明了的讲话,写作者为了显示重视,非要多凑上一些文字。这样就会显得文字臃肿,累赘啰嗦。

刚才我说了三个问题，这些问题是现实中需要解决的，也是上级要求我们认真对待的，尤其是××这些问题，就像刚才我说的那样，不解决，就无法正确对待和处理新情况、新问题，我们就会在复杂多变的现实情况中失去主动，希望同志们一定要高度重视和严肃对待，将××这些问题放在重要的工作日程上……

这样的文字，就像毛泽东同志指出的党八股那样又臭又长，难以引起人们聆听的兴趣。

三是结尾平淡无力。讲话稿语言朴实明了，并不意味着平淡无力。

总之，××工作非常重要，各级部门负责人要主动自觉地重视，要坚持不懈地工作，拿出真正的工作结果。

这种讲话稿的写作者没有真正关注如何让结尾有效地吸引听众，只是像交代任务那样，直接告知所有听众。这样，语言就过于干瘪，难以制造应有的气势。

要避免这些问题，写作者一定要让结尾做到"自然、紧凑、精炼"。在这样的基础上，适当修饰文字，就能让结尾更为精彩并吸引听众，让他们更加认可讲话领导的态度与观点。

## 4.7　有口号也要有针对性

讲话稿看似容易，却并不好写。说容易，是写作者已经见到太多充斥口号和理论的讲话稿，念起来似乎足以应付场面，但说不好写，是因为真正的讲话稿应该是面向不同讲话对象的，这种特性决定了讲话稿内容的重复性必须降到最低。只有不断推陈出新，不断面对新情况，才是讲话稿应具有的特点。

### 4.7.1 以场合为讲话稿分类

之所以有如此要求，是因为领导出席的会议很多，他们在各种场合的讲话应表现出不同的风格。要写出的不同讲话具有不同的指导意义和内容，就要首先明确领导讲话的场合、对象和目的，然后为之增加新意。

一般来说，领导的讲话可以分为以下三类：

一是工作会议讲话稿。这是讲话稿中所占比例最大、数量最多的种类。它可以分为党务工作会议，行政工作会议，人大和政协工作会议，工商联、青联和妇联工作会议讲话稿，等等。在这种讲话中，领导通常需要对工作中取得的成绩、经验和暴露出的问题进行归纳与总结，并在此基础上对之后工作的目标、任务和重点提出部署与指导。因此，这类讲话稿的"实体"要求目的明确和主题单一，能够表现针对性强的思路，提出层次分明、条理清晰的指导方法，凸显领导坚定不移的工作态度。

二是礼仪场合的讲话稿。包括庆功会、表彰会、邀请会、座谈会、纪念会、庆祝会等讲话稿。其中，对受到表彰、取得成绩的单位或个人要进行表扬和鼓励，并向其他听众提出学习推广的要求；在纪念会议上，则根据纪念或庆祝的主题来回顾过去、指导未来；至于邀请会或者接见会议上，讲话稿应该围绕对方前来参加会议的主要动机传递出欢迎和友好的态度。

三是综合性会议的讲话稿。这样的讲话稿，通常是在正式和隆重的会议上使用，并主要用在会议的开幕、闭幕、总结讲话，等等。开幕词，应该包括整个会议的目的、意义和会议议题概括等，围绕这些内容对参会人员进行启发和鼓励；闭幕词则应该对会议进行总结，并进一步要求对会议的精神进行贯彻落实。

无论哪一类讲话稿，要写好，离不开"摆事实、讲道理、定任务、提希望"这四方面的实际内容。至于理论、口号较为抽象的内容，则只应该在讲话稿中适当出现，如同蛋糕上的樱桃，起画龙点睛的作用。如果主次颠倒，难免会让讲话席上的领导感觉缺乏底气，也让台下听众感觉度时如年。同样，要让讲话稿具有足够的针对性，并能够蕴含更加富有启迪性的思想，就既要站在全局高度、政治高度去设计讲话稿，也要注意了解基层的实际情况，通过将"高度"和"细节"加以结合，就能写出富有新意的讲话稿。

为了能够在不同的场合都能写出富有意义的讲话稿，可以从以下三方面着手。

### 4.7.2　捕捉领导意图的来源

领导讲话，其目的在于指导工作，离不开对上级指示和要求的贯彻。因此，如果写作者能够迅速理解上级传达的精神，再来抓住领导的工作意图，讲话稿就容易水到渠成了。尤其是在快节奏、高压力的工作任务面前，领导很可能要求迅速布置会议并准备讲话稿，这就很难慢慢加以整理，而是要迅速真切地把握好领导意图。

写作者可以多关心领导的行踪，了解其参加的会议或研讨、培训，这一点其实不困难。因为领导的工作事先都是有计划的，机关有关部门也会提前拿到这些计划。写作者在起草讲话稿前，可以提前了解这些会议或研讨、培训，提前向有关同事了解，掌握会议精神，即使只是得到一个标题、一个范围，也比临时得到工作任务才想要好。这是因为再擅长写文字材料的人也需要有足够的准备时间，而实际的工作节奏很难总是留出这样的时间，这样就容易导致写作者用"旧瓶装新酒"的办法，以牺牲质量来换取时间。久而久之，讲话稿就越写越容易重复和雷同。

除此之外，写作者还可以围绕即将开始的会议主题，将不同的上级领导人已经做出的讲话内容作为参考依据，并相互结合，形成综合性的主题或观点。由于站在较为贴近基层的角度来重新看待已有的讲话内容，就能够得到更加富有新意同时又不会违背政策精神的"新意"想法。

### 4.7.3 了解群众的想法

一篇讲话稿是否具有针对性，在于其问题是否能够抓准确。只有抓准问题的源头，注意研究群众和基层干部关注的焦点，才能为下级出现的失误和偏差找到解决方法。

例如，在某次和各机关党委书记的座谈会上，秘书为领导草拟的讲话稿上有这样一段文字：

> 我们经常听到这样的话：要让组织放心，让同志放心，让群众放心。放心的前提是什么呢？那就是作为领导干部，一定要表现出纯正的人格品质。领导别人工作，就要让他们能够感受到领导的亲切、可信，让别人对领导信服，产生应有的安全感。如果作为领导班子的带头人，总是高高在上或者高深莫测的样子，别人不了解领导，对领导难免产生戒备。这种戒备存有时间一长，领导就难以开展工作了。

这段讲话文字虽然朴实，但和基层党务工作关系密切。正是由于秘书多年来对基层的观察和了解，才写出能够直指弊病的文字，从而确保讲话能产生实际的指导意义。如果秘书只是坐在办公室里闭门造车，缺乏对基层实际问题的了解，也就难以给出如此饱含价值的文字。

### 4.7.4 从旧主题找到新意

既要追求深度和新意,也要善于从"旧"主题中找到新意。

虽然讲话稿需要为焦点问题进行分析和讲述,以便达到加大深度和新意的效果,但在基层看来,"新"和"旧"并不总是那样泾渭分明的。尤其在具体的业务单位或部门看来,新问题总是和老问题夹杂出现,只是探讨其中某一方面,对于实际工作指导都缺乏现实意义。

因此,讲话稿起草者必须同时注重从"旧"主题中找到新意。两方面都是需要遵守的,首先是提倡旧事物中的优秀因素,这些因素因为主客观原因被忽视,值得领导在讲话中重新提及,并要求和新形势结合,这样就产生了新的实用功能;其次是对旧事物中的问题加以思考,并将之和新环境、新任务结合起来,研究出新思路和新办法。

实践说明,即使是老话题,也一样能够写出富含新意的讲话稿。同样,只要写作者勤于思考,找准角度,一样能够让讲话稿在讨论旧问题的时候依然客观地直面当下、解决矛盾。

## 4.8 别总让讲话单线化

讲话稿的写作方式中,有"单线条",也有"复线条"。根据不同环境、不同目的选择其中不同的线条类型,是写作者应该具备的能力。在现实工作中,不少写作者的思维容易陷入重复模式,由于一两次讲话稿写作的成功,不管具体的作用,就永远套用同一种模式来做。或者用"总——分——总",或者用"问题——答案——期望",抛开具体的讲话稿结构,其骨子里都是单一的线性思维。

讲话稿不论篇幅长短,都可以用"复线条"来写作。适当运用这种线条模式，能够让讲话稿整体布局具备更大的完整性。

## 4.8.1 单线和复线讲话稿的对比

整篇讲话稿的布局统一在主线表达之中，尤其是在写作之前，作者有必要选好角度、按照既定的主题拟出主线。通常，主线包括对主题的基本阐述，然后按照"是什么"、"为什么"和"做什么"等方面，确定出不同的段落内容，这样，基本的结构层次就形成了。

如果只满足于这样的结构，写出来的讲话稿就会单调乏味，千词一律。事实上，在不同的段落中，除了纵向表现主题，还可以加上横向联系，形成经线之外的纬线。整个讲话犹如一张大网，形成合理的立体性。某市发改委主任在该市发展改革会议上的讲话，其简要内容如下：

（主线开端）——本次××市发展和改革工作会议，是为了认真贯彻××等会议精神，从而进一步落实党中央、国务院的××各项政策措施，切实转变发展方式，加快推进结构调整。通过会议学习和讨论，相信与会同志已经对我们的工作成绩和经验教训有所认识。刚才，副市长×××同志对一年来我市发展改革系统工作给予高度的肯定，并站在全局和战略高度，对做好2013年的工作提出明确要求。下面，我就贯彻落实×××同志讲话精神、做好新一年的发展改革工作，讲两个方面的意见。

开头段落鲜明准确地概括了本次会议的中心任务，并介绍了会议情况，同时提到了×××同志讲话的重要意义。作为主线的开端，开头段的内容不需要具体、详细，但应该和该讲话稿一样，做到既精炼表达，又能引出应有的内容。

（支线）

"是什么"——发展改革部门，是政府重要的综合职能部门……
（下略）

这段讲话内容，解读了什么是发展改革工作的问题，也是对主线开端的纵向发展。因为讲话的环境是综合性会议，因此需要首先表明"是什么"的观点，说清楚本部门的职能，才能让听众思想认识更加深刻，更好地理解开头的总观点。

接下来，作者开始运用横向的联系进行扩展，包括下面内容：

第一，去年一年工作成绩的取得，离不开市委、市政府的领导；

第二，发改委在和×××部门、×××部门等机关合作时，充分发挥了自身作用，也得到了兄弟部门的支持；

第三，发改委承担如上的工作任务中，同志们重视自身的工作角色，在工作中发挥了重要作用；

在解答了"是什么"的问题之后，继续联系到本部门同上级、平级和下级之间的关系，形成了横向支线的拓展。

"为什么"——发展改革工作，涉及方方面面，做好这些工作，才能更好地发挥职能作用，当好市委、市政府的参谋和助手。

第一，从政治上看，为什么发改委的角色如此重要；

第二，从经济上看，发改委对促进我市经济发展还需要做出哪些贡献；

第三，和本省其他地市的发展改革工作相比，为促进我市综合地位的提升，我们还需要承担更多责任；

同样，在"为什么"的纵向支线得到解答之后，作者继续横向联系，利用不同角度看待政治、经济、区域发展等，让听众随之展开联想，而不仅着眼于当下。

"怎么办"——必须要真抓实干、迎难而上，全面完成今年发展改革的各项任务。需要同志们认清形势，明确指导思想，突出重点，明确工作目标，完成各项任务。

在上述"怎么办"的主线内容之后，作者同样列举了三点和主线内容相关的横向内容。

第一，地区经济形势对于完成投资目标任务的有利因素；
第二，目前在建工程的进度情况；
第三，几项重点建设工程规划和准备情况；

上述内容并不完全是发改委工作中需要马上着手进行，但却对"怎么办"这一主线内容有很强的提示和引导作用，可以启发听会者更加投入地思考这一问题。

可见，讲话稿不应该只是单一化的思维，需要写作者适当展开联想，在紧密围绕讲话主要线索的同时，能发散到和工作相互联系的其他方面、其他问题。为此，写作者需要在以下问题上加以注意。

### 4.8.2 讲话内容应创新

要避免讲话内容的雷同。

需要领导讲话的会议大多较为正式，经常会出现不同部门、不同级别的领导人讲同一个问题的情况。如果在这种情况下仍然采用单一主线思维，势必导致听众因为内容雷同而失去兴趣，注意力将相当分散。写作者必须运用不同的横向思维，让讲话稿既保证全面，又相对独特。通常情况下，可以根据领导者的身份或单位本身的特点来阐发观点、展开议论，这样能够顺利自然地形成讲话在范围上的"宽度"，弥补讲话在内容"纵深"上的相似。还可以挑选不同的角度来分析和解读已有的观点，令听众耳目一新。或者挑选富有新意的事实来佐证观点，让受众能够感觉思路豁然开朗，从而对讲话内容产生兴趣。

### 4.8.3 讲话语句应明确

在进行"复线化"写作时，要注意语句的鲜明，不能模棱两可，否则容易导致领导态度前后的不统一。

> 例如，在谈到如何为企业提供良好的服务和保障时，写道"过多的行政审批手段，并不一定是有效监管企业的良好方法"。

意思虽然没有错，但用"并不一定"却显得底气不足。这就是因为运用的语言文字不确定，导致主线中分散出的支线显得不够有力，应该加以明确化。

> 又如，在党建工作中关于领导班子团结写道"领导班子不团结，就会伤害整个机关单位的形象，容易产生不必要的矛盾斗争，导致民主集中制被忽视，让具体负责工作的人把握不准方向，带来很多不好的后果，必须引起领导班子高度重视"。

虽然意思没有错，但却显得支线凌驾于主线之上，过于啰嗦和累赘，应该加以压缩。又如，"要注意解决群众关心的菜篮子物价问题"。虽然提了要求,但并没有作为真正强有力的支线出现,改成"菜篮子物价是我们解决民生问题的头等大事",就表达了讲话者的决心。

### 4.8.4 从实际工作中厘清复线

要多研究实际工作,才能发现问题之间的关系。

"复线化"的讲话稿虽然并非总是比"单线化"讲话稿好,但却尤其考验写作者平时工作的积累。如果想写出这样的讲话稿,还需要多研究本单位以往的工作历史和现实的工作经验,找准单位的优势和劣势,研究领导和群众普遍关心的问题,摸清楚本单位和外界工作联系的纽带。这样才能拥有写好"复线化"讲话稿的真实基础。

# 第5章
# 调研文：民间疾苦笔下来

重视调查研究，是党和政府历来的执政理念。历史上，每一次进步、每一次胜利，都同调查研究密切相关。时代发展到今天，随着信息量的几何倍加速爆炸，经济全球化的势头更加难以阻挡，在继续深化改革和建设的道路上，不仅带来了种种挑战和机遇，也存在着种种困难。无论何种行政单位，都会在现实工作中遇到新的课题、新的焦点，这就对调研报告的写作提出了更高要求。

## 5.1 设定目的并主动研究

调研报告,是政府行政机关写作中的重要工作。作为主管公文写作的机关文秘公务员,为整个单位或领导班子起草调研报告,或者是自己组织、参加的调查研究工作,都需要重视调研报告的写作质量。只有真正反映了客观情况的调研报告,才能发挥应有的作用。

### 5.1.1 调研与调查

研究调研报告的写法,不能不将之和调查报告放在一起做对比。这两种文体并非属于法定公文类型,其相互之间究竟有什么不同,不少负责文字工作的公务员都没有完全分清楚,而且在写作时往往也不进行区别就动笔。

调查报告,主要是对某一事件或情况进行调查研究,然后把取得的材料与结论进行整理,形成的书面报告。

调研报告,主要是为了研究的目的而写,并不是针对特定情况、特殊问题和特定经验的专题报告。

具体而言,调查报告侧重于对过程的把握,调研报告则在调查为前提的基础上,看重研究调查过程和实际结果。正因如此,在改革开放后,调研报告逐渐发挥出调查报告无法取代的作用,成为各行各业应用写作的热门体裁。尤其是进入21世纪之后,中国现代化建设事业突飞猛进,不仅企业组织需要对市场、生产、销售、服务等各个领域进行更多的调研,党政机关为了更好地履行职责,也更加重视调研报告这一文种。

### 5.1.2 调研报告的主动性

调研报告和调查报告最大的不同在于前者是主动,后者是被动的。

后者因为某件事情的发生如灾害、事故等才去被动地进行调查，然后写出报告。前者的写作本身就是为了主动对客观事实加以调查，再根据不同机关、不同单位的工作需要和权限，制定切实可行的计划。

可以认为，调查报告的写作目的是现实情况下不得不设立的，而调研报告则是写作者主动出发去寻找目标、探索事实和研究方法。

如下面这篇国税分局所做的税源调研报告，就是有了主动明确的目的，选择了必要的事实范围，然后开始逐步调查的。

××街道税源调研报告

××街道位于我市××区西南，是我市最大的街道管辖区域，凭借其历史文化的积淀和湖光山色的自然环境，该街道的经济也在不断地向前发展。

国税三分局××街道责任区，共管辖国税三分局友新街道责任区509户企业（工业企业269户、商业企业209户、其他服务性企业31户）。2004年1—10月新办企业105户（新办工业企业30户、商业企业59户、其他服务性企业16户），其中，注册资金超过5000万元的企业有2家，1000万元～5000万元的有5家，500万元～1000万元有4家。从以上数据可以看出××街道责任区具有区域内工业类企业居多的特点。

这一段文字主要交代了调研目标的背景。如前所述，调研需要主动设定目标，不可能没有具体对象。在本文中，"××街道税源"这一调研目的，离不开街道本身的经济发展背景，更离不开对背景特点作出的具体分析。

### 5.1.3 调研目标应凸显

从下一段文字开始，作者对税收中体现的数字增长进行具体分析。

××街道责任区上半年经济运行良好的特点有两点：

1. ××街道责任区原国有大中型企业生产形势较好。今年上半年，在整个国民经济快速运行的态势下，友新街道责任区内一批原国有大中型企业生产、销售旺盛，入库税金同比有较大幅度提升，去年纳税前50家企业中有80%的企业与去年同期持平或超去年同期水平。如××厂1—10月已入库税金619.85万元，同比增长34.44%；××有限责任公司已入库税金313.14万元，同比增长132.36%……

2. 今年上半年新办的企业表现良好，出税较快。上半年新办企业入库税金达到446万元，占××街道责任区入库税金10.12%。这些企业成为××街道责任区新的税收增长点。

但仅仅将数字增长情况作为分析目的是不全面不合理的，因此，第二点主要集中在对数字体现的税收负面情况的分析上。

尽管上半年××街道责任区经济增势令人可喜，但是，我们应该清醒地看到，××街道责任区位于市政建设前沿，在整个宏观经济"紧运行"下遇到了一些困难和问题。

1. 市政建设工程的开发最直接的结果是导致××街道责任区区域内纳税企业总数的减少，尤其是原国有大中型企业，如：××纸业有限公司、××仪表总厂。

2. 由于××街道责任区区域内工业类企业居多的特点，每年的4—6月企业购进原材料抵扣较多，对企业纳税产生较大影响，这3个月历来是税收的低谷。

由于主动选择的调研目的范围广泛，分析严谨合理，因此，该调研报告得以令人信服地进入结论阶段。

三、对于××街道责任区税源工作的几点想法：

1. 从源头上积极有效地遏制漏征漏管户。

2. 针对责任区大型重点税源企业，特别是对重点税源户做到心中有数、手中有账（监控册）。

3. 根据××街道责任区区域内工业类企业居多的行业特点，确定各行业的最低税负警戒线。

通过这篇调研报告可以看出，该文种的写作必须要建立在合理选择调研目的上，有了这种主动而正确的目标设定，调研报告得出的结论才能从事实和逻辑上都令人信服。

## 5.2 选题好，调研成功一半

调研报告的作用，首先不在于其技巧，在于其具体的利用价值。如果一篇调研文章将问题抓得很准确、分析得很透彻，同时又提出了可行的意见、建议和操作方法，对于行政机关的工作而言，就充满了价值。相反，如果调研报告没有做到这些，即使文字漂亮、遣词造句准确无误、结构层次严谨清楚，也很难体现出调研过程的成功。

从这个意义上来说，想要写一篇成功的调研报告，就必须选择好题目即调研对象。一个调研题目确定后，很可能会有同一个单位的许多人围绕着题目忙碌，如果选题不够准确，调研报告就没有必要动笔。选准了题目，调研报告就成功了一半。

下面是调研报告通常选题方向的范围。

### 5.2.1 从上级战略决策中获得选题

上级的重大战略决策，无疑是调研选题的重点。写作者应该着重在全局、方向和大事上努力钻研，并对决策、执行和监督的全部过程进行深入考察和了解。之所以将目标集中于此，是因为重大决策往往是领导集体在调查、探讨和思考较长时间后作出的，由于领导集体的思想高度、理论水平较高，现实工作经验丰富，信息渠道较广，下级对此理解则需要必然的过程。为了推进这样的过程，有必要采取调研形式来进行。

×省省委省政府做出了"打造核心增长极"的战略部署，但不少基层群众和干部并不理解政策，甚至一些领导干部也保留了不同意见。对于这样的重大战略决策，省委政研室开始进行调研，并在调研结束后撰写了《打造核心增长极是事关全省长远发展的总体战略》。在这篇调研报告中，作者利用调研而来的大量理论、数据、经验、实践成果等详细论证了该政策的重要性。

由于这篇文章贴合省委省政府的决策，它很快统一了干部群众的认识，加快了工作进度，起到了很好的积极作用。

在围绕重大战略决策来选题时，一方面应该对推出的政策进行分析研究；另一方面要对过去制定和执行的政策，利用科学的分析和评估方法，从多层次角度如经济、文化、教育、法律、安全等各个方面进行综合性评价。这样的评估结果能够帮助写作者更好地调研目前的政策，也能在调研报告中为决策机构提供更为全面的信息和建议。

要写好围绕重大战略决策的选题，需要密切关注上级政策的动向。上级在做出重大决策前，必然会通过不同途径提前进行"吹风"，将舆论基础营造出来。这时，负责文秘的公务员应该保持清醒机敏的头脑，擦亮眼睛，随时对政策动向加以关注和预测，提前进行调研准备，否则，等重大战略决策正式出台，调研的机遇也就错过了。

### 5.2.2 从先进经验和做法中获得选题

不同地区、不同单位的行政机关,承担着相同或相似的工作职责。因此,在实际工作过程中,上级领导往往对外地、外单位的工作方法和成熟经验比较关心,这样能够促进本地、本单位的科学决策。

有鉴于此,调研报告的选题方向可以通过不同渠道去积极了解外地、外单位的情况,对那些做出了成绩、有自己办法、有活动亮点、有工作成效的地区和单位,进行虚心考察和分析研究。尤其是和本地、本单位基础接近、情况类似的,更值得重点调研学习,从而为上级的决策提供思路。

例如,节能减排工作开始后,某市政研室公务员小孟加入了调研组,在了解了邻市的相关做法、又深入了解当地情况之后,写出了《××市生态环境建设调查报告》。由于这份调查报告内容充实、主题清楚,具有很强的启发意义,因此得到了市委书记的肯定并批示"××市的做法及经验应予以宣传和学习"。

### 5.2.3 从工作焦点中获得选题

工作中有不同的矛盾和问题,其中领导担心、群众关心的问题,一旦得以正确解决,就能起到凝聚人心、推动发展的重要效果。因此,可以着重对这些问题加以调查研究,并选取其中适合的作为调研报告的选题。

为了找准这样的选题,调研和起草者就不能停留在"报喜不报忧"的阶段,应该做到主动深入那些工作力度不够、存在瓶颈问题的环节和部门,找出困难产生的深层原因,并通过分析这些原因来寻找办法、设计方案，最终加以解决。

如某市法制办公务员刘军，经过调查研究，写出《关于××县法治政府建设情况的调研报告》。报告开头部分这样写道：

在目前的政府工作中，依然存在着以部门职能作为中心的强大惯性，因此容易存在部门本位主义倾向，一些职能部门依然未能设立独立的法制机构，甚至缺少专职从事法制工作的公务员，影响了法治政府建设的社会效果。执法人员与执法任务之间存在一定程度的不匹配现象，需要政府能够从统筹全局的立场加以协调，领导干部由于受到自上而下的考核压力影响，尤其容易在重点项目推进工作中忽视法定程序的要求……

由于调研报告选题准确，文章开宗明义列举出了目前存在的相关重要问题，且这些问题和政府职能形象、群众情绪及舆论评价紧密联系，因此这样的调研报告势必引起上级领导的重视。

除了上述选题，还可以围绕基层干部和群众的呼声选择题目，包括就业问题、治安问题、环保问题、医疗卫生体制问题、教育问题、养老问题、危旧房改造问题。这些问题关系社会稳定，应该主动出击，迅速高效摸准情况，写出报告列举对策。

还可以围绕先进典型、模范人物来构思选题。通过这些选题，将基层和群众在实践中创造出的经验和办法加以凝聚、上升，形成具有普遍意义的工作思路和方法，帮助领导以群众实践来指引群众前进。

不论选择何种方向的选题，都要做到"集中"，即找准某一个方面的具体问题做文章，将其说清楚、说透彻。调研报告选题不需要将题目的范围设计得过大以求面面俱到，这样很难做到详细到位并突出重点。

## 5.3 让"调"和"研"互补

写好调研报告,需要抓住三大环节:调查、研究、报告。这三大环节中,调查是写报告的基础,对调查所得结果进行研究则是关键步骤,最后才是通过具体写作来形成观点、推出文章。因此可以说,调查是研究的前提,研究则是报告的依据,文字报告则是调查和研究的结果体现,这三者共同反映了客观事物的情况。

由此看来,做好调查是写好调研报告最基础的前提,开展调查在确定选题之后。调查工作应该分下面三步进行。

### 5.3.1 充分调研准备

当调研选题选定好之后,准备工作就正式开始了。首先要做好认知上的准备,即从理论上了解和认识题目,包括选择已有的资料,然后将调研对象放在现有资料背景下进行整体考量,判断其具体处在怎样的发展位置和水平上。当然,通过搜集资料,还能够发现选题是否已经被别人做过、研究到何种程度、产生哪些结果,以及其经验和观点是否被领导所批示,等等。

其次是做好政策上的准备。即通过对有关法规和政策的研究,熟悉调研对象发展的历史过程、现实背景。这样,调研报告就有了充足的理论依据,在调研过程中写作者也具有相当的分辨和认知能力,可以借此增加对调研问题的理解,加深整个调研报告的深度。

最后是做好实践的准备。即对目前的问题和相关工作的开展情况进行深入了解。如不同部门围绕同一问题有哪些具体的工作打算、在不同地区的落实情况、当前工作的重心、下一步工作打算,等等。这样就能从具体事务方面认识问题,丰富调研报告的材料,为拟定调研提纲做好充分准备。

### 5.3.2 拟写调研提纲

调研提纲和调研活动方案不同,包括调研过程的目的、要求、时间、地点、范围和对象等细节。同时,不同于一般公文的写作提纲,一般提纲只需要写出文章中须包含的内容如原因分析、对策准备等,调研提纲除了考虑这些内容,还包括调研时要准备的具体内容如提出问题、讨论题目等。

调研提纲可以看作是调研报告文字提纲的基础。正如毛泽东同志曾经强调过的"必须要有调查纲目"。一份调研提纲事先对需求考虑得越详细、周密,越具体、到位,就越能够让调研深入实际,从而为文字报告增添说服力。

下面是一份实践工作中的优秀调研提纲。该调研提纲在开头部分,简明扼要地阐述了调研的指导思想、调研目的、基本原则和要求等。在实际调研时,给每个预先安排好的调查对象与人员发放一份调研提纲,以便于他们做好准备、正确回答。

1. 本镇的主要历史沿革是怎样的?有无名胜古迹、历史名人故居?

2. 本镇的基本情况包括总面积、耕地面积、人口数量、劳动力状况、基本生活状况如何?

3. 本镇有哪些特色产品和产业?有哪些历史名优产品?

4. 本镇有怎样的地理位置特点?交通条件如何?

5. 你对这次进行的行政区划调整,有怎样的看法?有没有不同意见和想法?

6. 你对小城镇建设现状的看法如何?认为有哪些成绩?主要经验是什么?

(下略)

值得注意的是，调研提纲和调研写作提纲更为明显的不同之处，在于调研提纲中所涉及的内容不一定全部用上。如上面的提纲中准备了几十个问题，有可能在实际写作时只用其中一部分，调研写作提纲则是整篇文字的提纲，实际上就是调研报告的雏形。

所有调研文章，无论其长短多少或目标指向，都应该尽量使用"双提纲"进行写作。这样才更容易取得文字效果，能够做到心中有数，轻松顺利地完成调研任务。

### 5.3.3 具体展开调查

准备工作结束之后，具体调研过程随即展开。写作者应该坚持求真务实的工作作风，采取科学理性的工作方法来进行调查研究。只有深入基层和群众，才能在实际工作中真正及时了解和掌握第一手材料。

调查常用的方法包括以下几种：

第一，典型调查。即将每个调查地点、每个调查问题的情况摸清楚、仔细研究，并以此为案例进行推导，达到举一反三的效果。

第二，全面调查。即对构成问题总体的所有要素以及其中的相互关系进行周密调查。

第三，召开研讨会。在写作调研报告之前，采取研究讨论会议的方式来进行交流、获取资料。

第四，蹲点调研。重在利用一定时间的蹲点驻守来了解和解决问题，尤其是对那些影响较大、涉及大多数群众切身利益的问题，更有必要采取这种调研方式。

第五，试点调研。根据上级的决策，可以采取在某些区域先行试验新政策，检验其施行结果，进而在大范围内推广使用。

这些不同的调查方法各有所长，但也有各自的局限性。因此，在实际调研过程中，可以采取将几种方法交替和融合使用，做到相互补充，进而更加全面和深刻地体现和反映客观实际状况。

### 5.3.4 研究之后才能动笔

只有调查没有研究，调查报告就会成为情况汇总。经过正确分析，才能获得结论与观点，从材料中找出规律，进而形成有说服力的文字。

下面是在动笔前需要做的研究工作：

一是对调查而获得的资料加以认真梳理。调查过程中可能获得很多资料，但在研究过程中需要加以斟酌、筛选。对于那些可能不真实或者不准确的材料，都要认真甄别。例如，一些单位的同志在参与调研时，或者有意或者无心地将单位成绩夸大、将问题缩小；在争取财政或政策支持时，又会将困难放大而把有利条件弱化。类似的情况必须要经过认真梳理、去伪存真，或者进行二次调查，并将这样的认真态度贯穿于调研始终。

二是了解材料的本质，发现其中规律。拿到调查所获得的材料之后，不仅要了解其表面矛盾，还要认真分析其本质的矛盾，这离不开细致耐心的分析工作。除此之外，还应该拒绝单纯对问题做表面上的记录描绘，要找到问题背后的规律性。写作者在草拟提纲的过程中，应该通过分类、综合、统计、比较、归纳和演绎等，将各类材料从感性到理性进行升华，找出其中最深刻的规律性以作为调研报告的主旨。

三是要有自己的观点和思路。拥有观点和思路，实际上已经进入了调研报告的构思阶段。在进入该环节时，需要注意观点和材料的相互一致性，防止出现材料和观点相互矛盾的局面。这意味着调研报告中的观点不仅从主题分化出来，更要从大量材料中提炼出来，并非像命令、决定那样直接布置给阅读者。同时，写作者采用的材料也要能从不同角度支撑观点。

调查和研究在实际操作中是无法分开的，必须要做到让调查和研究相互渗透，才能真正发挥效用。如果等全部调查结束再去整理材料、思考分析，就会导致两者脱节，这种情况下写出的调查报告，其效果可想而知了。

## 5.4 标题是调研之魂

无论公务员接触哪一种应用文，标题始终是评价其质量的重要参考依据。如果细分不同的文体，标题的差异性就显而易见了。尤其是调研报告类公文，由于报告的阅读对象是决策层，发挥的作用更加偏向于为决策者提供建议。因此，对其标题进行分类、设置和使用时，更应该按照调研报告自身的标准、要求和方法来使用。

### 5.4.1 调研报告标题类型

一般来说，调研报告需要按照其内容来设置标题，例如《关于××省人参产业发展情况的调研报告》《关于我区政府信息公开工作情况的调研报告》等，都是对整篇文章的概括。

如果从标题本身特点进行细分，还可以分为下面这些类型：

一是观点型，即在标题上提出作者的明确主张和观点，实际上就是对全文做出的判断和看法。例如《大力发展农家书屋是农村精神文明建设的重要内容》。

二是方法型，即主要通过标题概括介绍文章中提供的思路和做法，如《思想建设形成常态机制，构建干部队伍作风保障》就属于这种类型。

三是既要内容又有文种型，在标题中，可以看到文章的主要内容和文种。大多数政府机关的调查报告都采用这种标题，为了和文件标题对应，有的还会加上"关于"字样。

如《关于区组织部自身建设的调研报告》《关于全市大气污染防治工作情况的调研报告》等。也有不加"关于"字样的，如《××省农村土地扭转状况调研报告》等。

好的调研报告，能够从结构上提纲挈领，展示出问题的要害，令人警醒明白。调研报告不论采用哪一种标题，都应该产生这种良好的效果，能够让决策者在看到调研报告题目时就能意识到文章的价值所在，并产生阅读的兴趣。

为了让标题具有如此作用，作者可以从下面几个出发点去设计标题。

### 5.4.2 直截了当式标题法

调研文章的主标题必须直接揭示主题，不能含含糊糊加以修饰。如《加强政府引导，推进社区信息化服务进程》的主标题，就将"主张什么""怎么主张"都旗帜鲜明地展现出来。

### 5.4.3 区分层次式标题法

调研报告的标题可以采用多层次或多种类进行。层次之间的关系应该严密完整，种类上可以采取排比、对偶或自由式样，不需要过多限制。

在《关于全区教育资源整合优化情况的调研报告》中，有如下的子标题：

一、全区教育资源整合优化工作情况

二、教育资源整合优化工作中存在的主要问题

三、几点建议

（一）按照"一城六镇二十个农村社区"城镇村布局规划，搞好新一轮中小学布局调整

（二）进一步加大教育投入，缩小城乡教育差距

（三）加强教育管理和后勤服务，努力做好农村中小学布局调整后的相关后续工作

（四）深化职业教育资源，整合优化成果，大力发展职业教育和成人教育

这样的标题设置，简约而有层次，符合实际调研内容的特点，将现状、问题、方法的逻辑清楚地表现出来，能够让领导一目了然地看明白调研文章的主体含义。当然，如果是调查研究范围大、关系复杂、问题影响深远的报告，还需要用更多层次的子标题。

不论哪个层次、哪种类型的标题，在同一篇调研文章中，都应该和前后标题协调一致，既不能前后矛盾重复，也不能相互割裂分离。子标题应该服从上一级标题，各级的标题则应该服从总标题。这样，标题在形式上和内容上都能产生准确和鲜明的美感，也能具有应有的功能性。

在设计标题过程中，写作者需要注意以下方法。

### 5.4.4 大信息量式标题法

如何让大标题通过有限的字数传递最有效的信息，是调研报告作者应该多加思考的。最重要的是，作者有必要对同一篇调研报告运用多种表达方式而不仅限于一种，这样才能形成自我的独特风格和文章的不同魅力。在设计调研报告的大标题时，还应该注意将内容中最重要、最能吸引领导注意力的关键词放在前列，才能让大标题产生更加明显的冲击性。

例如，原有的标题是《我市农村居民节日购买力变化趋势的调查报告》，为了能够充分提升信息量改为《我市农民节日消费经济现状的调查报告》。

从字数上来看，后一个标题明显压缩了字数，并将"消费"作为关键词放在前列，避免了标题的拖沓和涣散。

### 5.4.5 小标题的制作方法

有些调研文章对于二三级小标题的文字并不在意，有的过于简单，有的则显得缺乏润色。其实，可以采用多种方法来制作调研报告的小标题。

首先采用名词词组来制作二三级小标题。

如《关于××省"五失"青少年基本情况的调研报告》中，在标题"××省'五失'青少年现状"之下，作者分别用了"失足青少年""失管青少年""失学青少年""失业青年""失亲青少年"这五个小标题，包括了"五失"青少年的全部问题所在。

作者抓住某个事物中最主要的特点，然后将之分列出来，形成二三级标题来描述问题的全部。

其次围绕已有的措施来制作小标题。尤其是被调研的单位已经采取了一些行之有效或者极具特色的举措之后，就可以从这些角度形成小标题。

还是在上一篇报告中，在标题"关爱'五失'青少年工作取得一定成效"之下，作者用了"结对关爱，帮扶'五失'青少年落实到人"、

"心灵关爱,帮扶'五失'青少年立志成才"和"法治关爱,帮助'五失'青少年知法守法用法"以及"助困关爱,帮助'五失'青少年走出困境"四个标题。

作者通过围绕已有措施加以提炼,将已经取得的成效呈现在阅读者的面前。

再次围绕现有的问题来制作小标题。这是因为调研报告本身是为了解决问题而形成的,其本质体现在对问题的发现和解决上。尤其在调研过程中,随着观察角度的深化、工作的细化,问题也会逐步暴露出来,这时候,可以将问题进行归类,并作为小标题使用。

如在《关于社区图书馆发展现状的调研报告》中,作者将"运营资金匮乏""文献资源欠缺""藏书品种少,内容单一""服务管理效能低"这些问题作为小标题,以此带领阅读者的思路去探索解决问题的方法。

最后,写作者尤其需要注意调研文章标题的格式和序号运用。不同层次的标题,应该采用不同字体标识,正文标题的序号用一、二、三,二级标题用(一)(二)(三),三级标题用1.2.3.,四级标题用(1)(2)(3)……通常情况下,四级标题足够用来组成一般的调研报告。

## 5.5 写对格式 写出价值

调查研究的过程是艰苦的,其最终成果都凝聚在调研报告上。书面上的调研报告，有其自身的写作规律。在创作调研报告时，不仅要确保报告上能写对格式，也要确保写出的报告能真正为决策提供价值。

### 5.5.1 导语写作内容

在标题之后，调研报告的开始部分应该是导语。导语的内容，主要是为了介绍调研开展的背景、目的、地点、时间和对象。通过阅读导语，读者能够对整个调研过程有大体的认知。

由于导语内容并不复杂，因此写法应以简单为主，能够概述调研的基本情况做到交代清楚来龙去脉即可。当然，也有调研报告将整个报告的结果放在开头，这样能够突出重点，开门见山地让阅读者看到调研成绩。无论怎样写，导语的基本任务就是为正文展开内容做充足的铺垫。

导语包括的内容有调研活动希望解决的主要问题、研究哪些问题、确定这些问题作为研究目标的背景和原因、研究的意义以及其他已有的研究情况和结论，等等。

为了写好这些内容，导语可以用下面的方法进行。

### 5.5.2 交代情况式导语

交代情况方法，即在调研报告的导语中介绍调研活动的基本情况，对调研报告的主要内容加以提示。

在《关于对乡镇党委书记实施重点管理的调研报告》的导语中，即采取了将调研活动整体过程进行介绍的方法。

据全省组织工作的总体部署和部领导的要求，干部二处组织两个调研组，集中10天左右时间，到××等4个市和××等10个县区及6个乡镇，采取召开座谈会、个别访谈、实地察看、发放统计表等方式，就如何对乡镇党委书记实施重点管理进行了专题调研。通过调研，掌握了目前乡镇党委书记队伍的基本情况,听取了基层干部对实施重点管理的建议,提出了下一步实施重点管理的初步意见。

### 5.5.3 直奔主题式导语

直奔主题方法,将调研活动的主要目的、宗旨直接写出来。

在《××县养老服务业发展现状存在的问题及对策的调研报告》中,导语是这样写的:

为深入全面了解××县养老服务机构的基本情况,探索解决城乡人口老龄化的途径,××县老龄办与有关部门联合成立调研组,深入基层进行摸底调查,重点对居家养老、住养服务机构、老年康复护理机构、家政服务机构等几个方面进行认真调查,现将调查情况报告如下:

### 5.5.4 结论描述式导语

结论描述方法,将调研活动产生的结论放在开篇导语处,能够起到让阅读者迅速了解文章价值的作用。

在《市社区计划生育工作调研报告》的导语:

近年来,随着社会主义市场经济的发展和政府职能的转变,大量社会性服务职能交给了社区,大量的失业、下岗人员走向社会,加上开发的物业小区越来越多,大量流动人口及人户分离人员汇聚到社区,计划生育的"条条管理"和"条块结合"的管理模式已经难以适应这种新变化,导致个别企事业单位和社区内非常住人口的计划生育工作出现了管理和服务不到位的现象,给计划生育管理和优质服务带来一定困难。建立适应经济社会发展，以社区为主的人口与计划生育属地化管理和服务新机制已势在必行。

设置疑问的方法，即将调研主要问题利用设问方法来提出。

### 5.5.5　调研正文内容分类

在导语之后，正文是整个调研报告的主体部分，一篇调研报告质量的高低，主要看其正文部分写得如何。正文包括三方面内容：

一是对事实的调查，包括事件整体的发生原因、过程和结果，以及其中重点的案例。在描写事实时，还包括具体的事件、地点、任务和数字，等等。

在《关于××县卫生工作情况的调研报告》中，事实调查部分如下：

一、卫生工作的基本情况

近年来，县委、县政府高度重视卫生工作，以"构建民本卫生，打造健康城市"为目标，着力推进医药卫生体制改革和卫生强县创建，全县卫生事业实现了大提升、大发展，医疗卫生服务网络实现全覆盖，公共卫生体系建设不断健全，卫生综合保障能力明显增强，先后获得了全国消除疟疾达标县、××省卫生强县、××省首批社区卫生服务先进县等30余项荣誉。全县9个镇（街道）均为"市级卫生强镇（街道）""市级卫生应急示范镇（街道）"，全县13家社区卫生服务中心均为"省规范化社区卫生服务中心"。

通过这段文字，调查对象的基本事实情况得以准确和全面介绍，使阅读者能够在了解情况的基础上阅读下面的内容。

二是对从调查中得到的观点和结论加以表述。在调查事实的基础上得出具体看法和相应的结论，这部分作为调研的结果，是领导者在阅读报告时最希望看到的内容。

在《全国地方"法治城市"创建的调研报告》正文中，就有调研结果的相应内容。

> 多年来，我国的法治建设通过中央引导下的强力推动，已取得了可喜的变化。全国各地不同程度地呈现出推进地方法治建设的"快马加鞭"新景象。许多领导几乎都将法治建设作为本地区的"一把手工程"纳入到重点工作中……可以说，地方法治建设将在全国掀起新一轮热潮，法治建设将被作为重要内容纳入到地方发展的综合考核中。地方法治（城市）建设将成为地方党委、政府又一个积极追逐的"先导区"。

三是提出对策和建议。调研报告除了提出"是什么"和"怎么看"，还应该回答"怎么办"的问题。调研报告不仅能提出事实或者讲讲"大道理"，而且要包括实际问题并提出具体解决办法，这些办法只有说到问题点子上，才能起到关键作用。

在《基层工商部门职能转型调研报告》的正文最后部分，作者提出了下面的具体对策和建议：

（一）创新执法理念推转型。

（二）重设内部机构带转型。

（三）培训干部队伍促转型。

（四）健全监管机制保转型。

（五）落实绩效责任评转型。

上述五个方面，作者采用了排比方式，用相同的句式结构，将对策和建议分层次向领导提出，具有很强的吸引力与说服力。

### 5.5.6 调研正文写作原则

在正文的表述中，下面的原则是写作者应该注意的：

一是针对不同类型的调研报告应采取不同侧重的表述。

在地区性综合调研报告中，内容应该提供整体、系统和全面的认识，包括某个地区的经济、政治、文化、社会和生态等各方面的现实情况，也包括问题的历史渊源和发展过程。

这样的调研内容表述，才能为领导机关形成有关方针和政策提供相应的依据与参考。

如果是揭示问题的调研报告，就不仅要客观真实地反映问题，而且需要揭示问题实质，对问题产生的根源加以分析，提出对于问题的解决方案；如果是建议性调研报告，正文内容则应该着重加强调研和分析的基础，针对现行工作提出具体的可操作性方法、步骤和措施；如果是经验性质的调研报告，其正文内容应着重介绍先进的经验、做法和效果，供领导决策时学习和借鉴。

如果是新生事物的调研报告，正文表述内容应该着重反映新事物的产生原因、背景、过程和特点，并分析新生事物在现实中的意义与作用，揭示新生事物是如何成长和发展的，从而增强领导者对新生事物成长过程的把握。

二是调研报告有着各自的正文表述结构，包括：

平行结构，即按照事物与内外环境的联系，从同一个角度提出调研问题的主题，围绕这些主题列出几个平行观点进行具体阐述。

递进结构，即按照事物发展的顺序和因果，不断递进从而对结构内容进行设计。这样的结构思路清晰，逻辑性强，比较适用于研究内容单一的调研报告。

综合结构，将前两种结构进行综合使用，在平行中有递进，在递进中有平行，这样能更好地全面、立体和多方位对主题加以体现。

在正文之后，是调研报告的结语部分。结语就是调研报告最后的一段话，是对调研报告整体进行的概括总结。因此，调研报告的结尾和开头得以成功衔接，使得结构能够协调一致，首尾呼应。正因如此，不同类型的调研报告在结语上有着不同的写法，其共同特点在于对全文加以概括、对主题加以升华、向领导提出建议、对未来做出展望。

调研报告的价值蕴含在其格式中，只有把握与遵循好格式，才能让调研报告的思想、认识形成具有说服力的结果，并通过领导的认可而得以发扬光大。

## 5.6 让调研更好地为决策服务

行政机关的调研报告，同企业单位的调研报告一样，都有其独特的价值。从写作者角度来看，大多数都希望让调研能够真正为决策起到服务作用。如果是上级领导直接交办的调研工作，希望写作者能够就某个问题进行调查研究并提出相应意见，服务性体现得也就更加明显。正因如此，写作者应该努力将报告质量提升，从而让调研的成果能够更好地为决策服务，并因此获得应有的承认与尊重。

事实不总是与人们的愿望相接近。不少情况，写作者虽然想方设法希望调研报告能够为决策做好服务，但并没有得到重视与采纳，这也意味着整个调研的效果被全部否定。究其原因，有可能是因为选题问题，也有可能是领导的思路和调研并不"对路",但多数情况还是和文章中提到的建议和方案有关。因此,写作者有必要了解怎样让调研提出的建议和方案更符合领导的想法,进而更好地为决策服务。

### 5.6.1 和战略性联系要紧密

建议和方法要和领导决策的战略性有紧密联系。在调研报告的写作中,要立足于对全局影响关键的重大问题,并为之举出富于实际意义的方案。因为任何地方、单位,都有各项需要全面考虑和部署的工作,相应的领导决策层则更多需要着眼于战略层面来对其中的重大问题加以谋划和决策。因此,在写作调研报告时,就不能只是围绕那些并不是最重要、最经济的事情,而是要围绕能够改变全局工作的焦点来进行,或者站在领导最关心的角度来思考问题,争取同领导的思维保持一致。

在《群众路线教育实践活动农村调研报告》中,作者提出的建议包括:

(一)坚持多措并举,提高乡村干部做好群众工作的能力。

(二)切实转变作风,增进干群关系。

(三)完善制度体系,拓展干群沟通渠道。

(四)强化教育引导,提高乡村干部党性修养。

(五)创新帮扶机制,不断深化"联村联户"行动实效。

这些建议都并非是细枝末节上的改动,而是和整个群众路线教育实践活动战略相关的,是在实际层面体现活动意义和价值的举措,因此被采纳的可能性就大大增加了。

## 5.6.2 有更强的实用性和操作性

建议和方法要有较强的实用性、可操作性。方案和建议只有转化为决策才能对工作有指导和推动作用,这就不仅要求调研报告能够围绕某项工作提出思路、设定目标,还要能够为决策者事先举出相配套的政策措施和推进办法,否则,这样的建议和方案就是肤浅的,难以真正操作和执行。

在《县城农贸市场治安防范工作调研报告》中,作者提出的建议和方法都是从实际出发,并结合实际提供了具体的操作方向与步骤,减轻了领导决策的困难和阻碍。其内容如下:

一是政府要合理规划市场,方便群众。要减少市场布局,将街面占道经营和燃料市场、××村与××村交界处的大米交易点进入××市场和宁阳市场,并固定市场交易的种类,让群众找得着买卖。

二是市场管理的职能部门要建立维护市场秩序的长效机制。根据市场的实际情况,建立市场管理员奖惩制度、市场门卫奖惩制度等相应的市场治安防范制度,并加大执法力度,彻底整治市场秩序,根治市场内混乱的现象。同时,在市场内实现分片负责制度,确保随时有人管理,巩固整治成果。

三是要加强市场管理人员培训,提高管理人员的管理能力和素质。现在市场管理人员未经培训,缺乏管理市场的能力和经验。因此,加强市场管理人员的培训势在必行。

四是政府要对大牲畜市场进行整治,并纳入管理。加强对宁阳市场的指导和管理力度,公开收支账务。

这样的建议内容可以直接起草为实施案,并能够为执行过程提供更为直接的考核方式,属于调研报告中能够真正影响到决策者的案例。

### 5.6.3 有更为周密的严谨性

建议和方法要有周密的严谨性。调研报告是经过研究之后得出的结论,因此其依据应该充分、周密和可行。如果作者希望自己的调研报告能被采纳,就要事先对建议和方法可能产生的结果、需要预防的问题设计出更多的方案,提出更多的可能,进行"多手"准备。无论领导层面对怎样的情况,都能从调研报告中的建议和方法中找到思路,看到调研报告的价值。

在《分类推进事业单位改革的问题与思考调研报告》中有这样的建议:

调整规范机构设置,搞好清理整合。根据县级事业单位不同的类型、性质、运行机制以及发展趋势,按照事业单位清理规范的要求,进一步搞好清理整合。一是坚决撤销。随着经济和社会的发展,原有的一部分事业单位,有的职能萎缩甚至消失,已经无所作为;有的运转艰难,既无社会效益,也无经济效益;有的依靠财政拨款养人,终日无所事事;有的名存实亡,长期无人员、无资产、不运作。对这些事业单位予以撤销,其人员按政策进行妥善分流和安置。二是合理合并。有些事业单位规模过小,有的职能相近或交叉。对这类单位应在统筹规划的基础上予以合并。三是调整布局。对条块分割、重复设置的事业单位,应统筹兼顾,科学调整布局,取长补短,优势互补,优化人力、财力、资产等资源配置。通过清理整合,逐步界定和规范事业单位的职责任务、机构名称、人员编制和经费形式。

对于不同的情况,作者给出了不同的建议,不是进行单一的撤销、清理或者整合。这样调研报告显得更加客观与科学。

除了上述三点，建议和方法的新意也同样重要，面对同样的问题，决策者希望方法能够具有必要的创造性，不仅因为这样的创造性能够带来更加明显的政绩，而且因为每个地区、每个单位的情况不同，采纳那些从当地实际出发并加以创新的建议，能够更加有效地扬长避短、实事求是。相反，一些调研报告虽然充满理论，研究出了相当的对策结论，实际上却更多是在附和已有的看法，照抄已有的结论，甚至是将原来的经验重新"回炉"写一遍，既没有文字上的亮点，也没有实际上的新意，领导者当然很难用来为真正的决策作参考。

### 5.6.4　有更为积极的时效性

建议和方法应该具有时效性。众所周知，领导层的决策是否正确、是否有效，同时间因素也紧密相关。那些由于积极主动预见了情况发展的决策，能为工作局面和领导者个人赢得主动；反之，则会陷入被动局面。因此，进行调查研究和负责写作通知时应该习惯于提前思考，抓住领导者决策的机遇，提出建议和方法。在这种情况下，很容易做出"雪中送炭"的成绩。而当机遇过去之后再提交调研报告，可能只是"锦上添花"，甚至是"事后诸葛亮"了。

调研报告是为决策服务的，无论采取怎样的写作方法，作者都应该秉承高度责任心和追求事实与真理的勇气提出建议和方案。尤其是有足够依据时，更应该努力表达，力求影响乃至说服领导，为集体的事业贡献自己应有的力量。

## 5.7　离不开数字的调研文

在调研报告材料中，数字材料是不应被忽视的重要组成部分。数字的作用在调研报告中是任何其他材料都不能替代的。这是因为对事物的理性认知无法离开数字，只有能够真正做到从数量上分析复杂的问题，才能进一步从本质上面对问题、解决问题。这样的态度，才能保证调研报告的成功。

从数字本身来看，它并没有独立的意义，只有和调查对象结合起来成为数据才具备实际意义。从调研报告的写作过程来看，需要有来自现实的内容，内容需要有具体的材料，数据则是材料中最特殊的一种。拥有数字材料，才能进行量化的对比和分析，并在此基础上形成观点，制定出整体的解决方案。因此，数字能够在调研报告中成为重要依据。相反，如果没有数字，调研报告就会空洞缺乏说服力，难以体现事物的本质，导致调研报告失去应有价值。

在实际操作过程中，调研报告的写作者应该同样根据客观实际，从现实环境中选择需要解决的问题加以剖析。剖析的重点在数字材料上，因为数字材料的变化是不以调研者主观意志而转移的，通过研究数字变化，就能找到事物的规律。

在写作调研报告时，对数字的具体使用，应该注意以下三大原则。

## 5.7.1 以数字表达主题

调研报告的数字，应该能够直接表达主题的确切内容，这些内容反过来能起到对调研报告主题加以揭示的作用。通过这样的揭示，能够认识到事物在数量细节上的变化，并由此开始作出对事物在质量上的认定，从而形成主题。

由于有了数字，调研报告就能言之有物，有血有肉。

在《2014年××县食品安全监管调研报告》中，写作者利用数字真实客观地反映了该县食品安全监管形式的发展，并为报告最后的建议做出铺垫。

截止到2014年10月28日，我县食品安全综合整治共出动执法人员263人次，检查食品生产经营单位87家次，整治重点地区12个，整治重点单位48家，整治重点品种56个。

落实了群众监督网。建立了县监督员、乡协管员和村信息员的三级食品安全监督网，配备食品安全监督员98人、食品安全协管员17人、食品安全信息员35人，2013年食品安全乡镇协管员的工作经费补贴已经由州、县两级财政按人均每月800元标准发放完毕。

这些数字体现了主题，从不同侧面反映了该县食品安全监管的现状，确实起到了调查的作用。一篇好的调研报告需要有灵魂，灵魂的表现应该是同主题紧密相关的数字，绝非那些和中心内容无关紧要的数字，更不是毫无关系的数字。如果上文中采用的并非这些数字，而是食品生产和经营户的年利润、缴税或者遵纪守法情况，就和主题相去甚远。因此，调研报告中数字的主题性是首要考虑的问题。

### 5.7.2 以数字表现精确

数字的精准性实际上是不同公文文种使用数字的共同要求。该要求需要以数字的充分真实作为前提，缺乏真实性就谈不上精准。当然，调研报告中的真实数字，还需要经过实际调研中的统计或者计算，在调研前找准统计方法和公式，确保数字的精准。

在《××市基层工会经费使用情况调研报告》中，数字材料体现出了应有的精准性。

××运输股份有限公司工会经费收支情况有单独的明细表，有预算计划，收入部分经费来源、支出部分资金去向都十分清楚，并且比较规范，严格执行了工会主席"一支笔"审批制度，公司行政对工会组织开展重大活动给予经费补助，2012年工会费提留8.35万元，公司行政补助先后共有4.52万元。

由于该处数字关系到经费使用情况，为了说明该调查对象经费收支管理情况的严格有序，因此写作者通过调查将数字精确到小数点后两位。这样的数字精准要求，值得其他调研报告学习。

### 5.7.3 以数字构造系统

数字必须组成相应的系统，才能对之进行对比和分析。系统中的数字，不是一个个孤立的，是两个以上能够相互制约与依存的数字，同时，这些数字相互之间还能支持对照，从而反映完整的内容。由于不同项目的数字有这种关系，相互之间缺一不可，缺少其中任何一项数字，就等于破坏了整个系统而无法进行对比分析。

值得注意的是，数字之间的系统性，不是作者随意进行安排组合形成的，系统性是事物的内在规律，源自于数据本身的社会关系。只有通过调研真正了解数字之间的依存关系，才能从茫茫的数字材料中正确挑选出数字来搭建系统，并正确掌握、解读和运用。

下面这段从某地农村信访情况调研报告中摘录的数字材料，正是系统性构建数字材料的典型。

从全市信访情况来看，2012年1月至2013年9月，群众来市上访共44732人次，其中涉及农村信访问题的共计8674人次，占来访总量的19.4%。

从纪检监察系统处理信访举报情况来看，2012年1月至2013年9月，全市纪检监察机关共处理群众信访举报1324件次（不含重件），其中反映农村信访问题788件，占59.5%。从反映的问题来看，788件农村信访问题中，反映违规征占、转让村集体土地及补偿款分配不公、兑现不及时等问题96件，占12.2%；反映农村集体资产承包、租赁不公开及资产收益管理不规范等问题35件，占4.4%；反映违规处置集体矿产资源等问题17件，占2.2%，反映村务、财务不公开等问题139件，占17.6%；反映村干部贪污、侵占集体资金等问题241件，占30.6%；反映村干部铺张浪费、挥霍公款等问题28件，占3.6%；反映村干部处事不公、侵犯群众合法权益等问题72件，占9.1%；反映选举程序不规范、拉票贿选等问题71件，占9.0%。八大类问题中，反映村干部贪污侵占集体资金和村务不公开两类占到了近50%。

写作者将农村信访情况作为信访整体中一个独立的系统来看待，在这样的思想认识基础上对数字进行归纳、研究、分析和对比，从而为之后的调研报告做好充足准备。

总之，数字发生在一定的社会实践中，本身代表了不同的社会内容，写作者应该能够通过直接或间接的渠道得到全面、准确、系统的数字，为调研报告的写作带来更大的便利。

## 5.8 画龙点睛  升华之路

习近平同志曾语重心长地告诫我们："调查研究能力，是领导干部整体素质和能力的一个组成部分。"因此，不论写作者现在只是机关中普通的公务员，还是已经担任了一定职务的领导干部，都应该对调研报告的写作高度重视。事实上，调查研究本身就是党政机关的经常性工作，调研报告也是党政机关从领导到普通公务员都应该熟悉的文种，将调研工作做好、将调研报告写好，是党政机关干部群体必须具备的重要基本功。

正如2010年中共中央办公厅印发的《关于推进学习型党组织建设的意见》所要求的那样，建立健全调查研究制度，省部级领导干部到基层调研每年不少于30天，市县级领导干部提出不少于60个议案，领导干部要每年撰写1~2篇调研报告。因此，普通公务员更有必要重视学习如何写好调研报告，因为掌握这样的能力不仅对今天的工作有用，也能够对日后的进步发挥"画龙点睛"的效果。

要用调研报告的写作来提升自我价值，公务员必须学会写学术性较强、体量较大的调研报告。

### 5.8.1 学术性调研报告

所谓学术性调研报告，其阅读对象不仅有行政机关内部的上级领导，还有相关行业或领域的专业人士、专家学者。由于政府自身职能的转变，公务员面临的调研工作也出现了越来越多需要有学术特点的报告写作任务。这种任务带有较多的学术研究色彩，有着较强的理论性和专业性，侧重于对某一问题或现象进行理论分析，有理论上的预设，并进行研究设计、调查说明和资料分析。

学术性调研报告和普通报告最大的不同，在于其具体内容。学术性调研报告应该具有相当的可复制性，即能够让其他未参加调研的专业人员根据调研报告所提供的方法，完整地进行相同的调研，并获得同样的数据和结论。因此，在写作学术性调研报告时，要对调查的全部过程加以详细说明，包括调查背景、目的、方法、实施过程和资料可信性等，同时应该有对其中数据如何统计分析的说明。

具体来说，具有学术意义的调研报告，虽然也属于公务应用文，但其结构中各个因素和普通调研报告却有着不同。

### 5.8.2 导言的升华

导言，相比一般调研报告显得更加规范，内容和篇幅较多，格式也较为固定。其中包括选题的意义和背景，这部分需要从大处着眼、小处着手，对社会上的热点和焦点问题加以探讨，逐渐引入到本次调研需要探讨的现象和问题上；文献述评，即研究者对与问题相关的理论方法有哪些最新资料、学术动态和研究结果加以了解和调查、研究，在此基础上才能对本次调研的切入点定位得更加准确，也才能明确其学术研究的意义。

> 科学技术是经济发展的强大动力和坚实基础，尤其是进入知识经济时代，高新技术产业日益成为推动技术进步的动力和经济增长的核心。由于高新技术产业具有知识密集、技术密集、人才密集、资金密集等特点，有很强的辐射能力，因此，它的发展不仅能提高传统产业的技术附加价值，促进整个国民经济高效地运转，而且能够带动社会各个领域的进步。

在导言最后，写作者还应该简单介绍本次调研的思路和出发点，其中包括进行调研的原因、和已有调研的关系、本次调研的新意和价值、本次调研的基本问题、调研的主题和基本框架、提出的调研建议和操作方法等。

### 5.8.3 研究方法的升华

在研究方法上，学术性研究报告主要有以下这些类型。

对调研的方式和方法进行介绍，其中包括调研方案的设计、调研范围的确定、调研人员和实施过程。

此次调研内容包括基层团组织建设、团的工作、青工工作现状以及青年团员的思想状况等诸多方面。调查主要采用调查问卷、专题座谈等形式，调查范围涉及建安、工交、事业各单位，调查共下发问卷××份，回收有效问卷××份，回收率为××。

对调研对象的介绍：

《道路交通安全法》颁布实施前，衡山大队35名民警平均年龄35.5岁，45岁以上民警4人，女民警6人；从事交警工作五年以上民警36人，占92.7%；全日制大中专毕业生30人，占78.9%；身体素质良好36人，占92.7%。

现有在编45名民警平均年龄41.02岁，45岁以上增加到16人，女民警8人；从事交警工作五年以上32人，占71.1%；全日制大中专以上毕业生30人，占75%；身体素质良好27人，占60%；长期病休3人，需经常就医服药7人，占22%。

此外，还包括对调研资料搜集过程和方法的介绍、对调研质量监控方法准确性的介绍、对数据统计和分析方法的介绍等。

### 5.8.4 研究结论的升华

研究结论。

通常来说，学术性的调研报告，在其文章的结尾处会对说明、推论和讨论三个部分加以突出。

其中，说明是根据研究后得出的统计结果来对问题的状况、情形的合法趋势加以描述的内容。这种描述和对数据结果本身所作出的简单描述不同，是利用现有资料或逻辑关系进行的较为深入的分析。

犯罪是社会的综合病症，是社会各种矛盾相互激化、相互作用的产物，不是孤立存在的，是与整个社会大环境相联系的。推论则根据调查研究所获得的数据结果，对总体事实的基本情况加以估计，这并非意味着只是简单利用样本的研究结果来对总体加以替代，同时需要考虑样本本身是否具有真实的代表性、是否能够有效地尽量避免误差。

以往的犯罪学研究和司法实践都轻视了老年人犯罪预防，实际上无论是从现实还是长远来看，预防的效果都要比打击好。

讨论则是指对调查研究报告中和结果相对应的原因加以分析，包括根据理论或者事实对所得到的结果加以检验，或根据其他资料、研究者的经验等来作出解释。

> 我国现已进入老龄化社会，老年犯罪增多不容忽视，关爱农村老年人，让他们有一个幸福晚年，必须采取切实有效的措施来预防和减少此类案件的发生。有关部门应加强对农村老年人犯罪的重视和研究，从而为预防和减少农村老年人犯罪提供具有较高价值的理论指导。

### 5.8.5 参考文献的升华

通常的公务调研报告，不需要列出参考文献的具体名称。学术性的调研报告则需要在报告的正文之后加上主要参考文献，这些参考文献包括文章、书籍、期刊杂志的出处。以参考书籍为例子，先后次序为作者、书名、出版社、出版时间等。同样，一般的公务调研报告，不需要给出注释，学术性调研报告则要求注释必须完整，尤其是对其他研究资料或其他人观点加以引用时，都需要注明出处。这样的要求，一方面，体现了调研者的研究态度是科学、严谨和实事求是的；另一方面，参考文献和注释都能够为阅读者和其他感兴趣的研究者提供参考的索引。

# 第6章

# 总结文：总结好才能被认可

公文写作的常用文种之一便是总结。然而多数写作者认为总结是"鸡肋"，并不去深入钻研。可这不被重视但使用频率高的总结文，也十分具有意义。它是对过去一定阶段的工作活动进行回顾的公文，写作者若总结得好，便能在众多公文写作中脱颖而出。

## 6.1 工作总结并非鸡肋

总结,是对一定阶段中工作活动进行整体回顾的公文。这一文种虽然并非法定文种,但在实际工作中经常使用。通过上交总结,上级领导能够及时检查、分析下级的工作,总结者也能够从理论上对经验教训加以认识概括,从而明确工作努力方向并指导今后的工作。正因为如此,工作总结是从党政机关到企事业单位再到其他社会团体都会经常使用的文体。

由于日常使用频率很高,总结的写作和上交成为公务员经常面对的工作。很多人对此显得"信心十足",提到总结写作,认为无非"前面一个帽子,最后一个收尾,中间是几点工作成绩,加一小点问题",只要写出足够的篇幅,交到上级那里,就能过得去。还有人觉得,既然工作总结是每个单位、每个科室、每个人都必须会写的东西,就算写得好,也很难因此得到领导的垂青,又有多少钻研的意义?写来写去,还不是那些东西。

这样的想法,并非没有其合理性。的确,由于种种主客观原因,大多数工作总结在不少公务员甚至领导眼中都是"鸡肋",写得不好当然说不过去,但花费很多精力和时间去打磨一篇总结,又似乎不那么"实用"。实际上,这样的想法源自于写作者并没有真正把握工作总结这一文体特点。

### 6.1.1 总结的实践性特点

工作总结,首先要有真正的工作投入。工作是个人的实践,既然有了实践,就需要进行总结才能了解实践中的规律。因此,总结并非上级下命令给单位、科室或者个人的任务,而是写作者在自身的工作的体会。换而言之,工作总结文章的内容,应当完全忠实于自身的实践活动,写出来的文字,就是从自身实践活动中进行抽象化和理性化而得出的认识。

如××县交通局的总结:

截至目前,县交通局围绕年初制订的工作目标计划,共完成固定资产投资35596万元。其中,××高速公路××段拆迁工作共完成各类用地11125亩,涉及房屋拆迁195户,需迁改电力铁塔19座,电线杆2244根,电力线33904m,架空通信光缆189630m,地下管道75m,坟地1195冢。征地拆迁补偿款共到位资金2.6亿元,已兑付资金2.4亿元。

这些数字就是真实工作实践所产生的结果,然后通过写作者个人的工作再体现到总结中。

### 6.1.2　总结的目的性特点

工作总结有其具体的目的性。进行总结,是为了回顾上一阶段的工作实践,也是为了能够更好地认识工作环境、了解工作任务,目的是为了做好下一阶段的工作。不论总结中占有主要部分的是成绩、经验还是缺点、教训,目的都是为了指导未来的工作。

一年以来,我在工作中取得了一定的成绩,得到了领导和同志们的认可,但是也存在着许多缺点和不足。首先,在工作中主动向领导汇报、请示的多,相对来说,为领导出主意、想办法的时候还较少。其次,工作经验不足,有时给工作带来了一定的影响。在今后的工作中,我一定会扬长避短,弥补不足,尽快成长。一是要继续学习理论知识和党的政策,不断提高自己的政治觉悟和思想水平;二是继续提高自己的业务能力,提高公文写作能力;三是不断通过实践锻炼自己的胆识和魄力，提高解决实际问题的能力，并在实践中克服急躁情绪。

在这篇公务员转正个人工作总结中，总结的目的性突出表现在对自己目前缺点与不足的认识和未来的打算上，通过表明这种目的，实际上也达到了工作总结写作的要求。

### 6.1.3　总结的理论性特点

工作总结还有理论性强的特点。总结包括对已做工作的实际回顾，但这种回顾不是总结的全部。因为在总结过程中，还包括深入地分析与研究，从而将经验教训上升到理论高度，感性认识上升到理性认识，文章中不仅说出"是什么"，还包括了"为什么"和"如何做"。

> 民政工作是复杂的，做好民政工作，就要学会既要统筹兼顾，又要突出重点，通过抓好重点工作，让全局工作得以发展。年初，我们确定今年的重点工作为×××等，经过多方努力，这些工作基本上实现了突破，带动了全面工作不断进步。当然，推进重点工作，并不是用重点取代一般工作，而是将之作为全面工作的着力点，根本目的在于推动整体工作全面进步。

这正是将工作实践上升到理论层面进行总结，和辩证唯物主义哲学思想中的矛盾论加以结合，形成了普通工作总结未能达到的升华境界，也很容易因此被领导所重视和承认。

### 6.1.4　总结的群众性特点

最后，工作总结还具有群众性强的特点。因为对于单位或者部门工作总结，总结内容的主体通常是基层公务员或群众的实践工作，从实践中提炼的经验和教训也和他们的工作分不开，包括其中的业务特点、技术特点，同样反映了群众切身关心的工作内容。

### 6.1.5 总结的意义

当我们重新认识工作总结时，应该看到自己笔下的总结文章不是鸡肋，而是具有重要意义的工具。其意义如下：

一是能够推动总体和个体工作的前进。任何职责、任何工作，不论是个人还是群体，都需要进行不断的辛勤劳动才能得以完成。这样的辛勤劳动，其中也会有着时而上升、时而下降的发展过程。对这样的过程加以总结之后，才能在认识上越来越深刻，目标越来越明确，才能有所发展和前进。

二是能够不断培养和提高写作者个人的工作能力。公务员的个人工作能力是直接影响乃至决定其工作考核、职务升迁的重要因素，具体包括专业知识水平和处理实际工作的能力。这两方面的能力必须得到融合锻炼的机会，其增长绝非凭空而来，只有通过细致认真地总结，才能加速这样的融合过程。

三是获得群众支持和领导关注的渠道。工作和任务的完成过程值得重视，完成之后进行总结的过程则更需要重视。只有通过总结来全面和深入地对群众的付出进行回顾和检查，才能帮助领导对他们的工作给出正确评价，进而让大家获得统一的认识。也只有这样，领导的意见才能让基层每个人都心服口服，最大限度地团结起来。同时，总结中体现的成绩、问题、经验和对今后工作的指导意义，也能引起更高决策层的重视，争取他们的理解和支持。

可见，工作总结绝不是什么"鸡肋"，在不同人手中，总结能够体现不同的价值。只有真正看懂这一点，起草者才会端正态度认真投入。

## 6.2 不同内容的同一呈现

从内容来看，总结这一文体有其内在规律。通常情况下，总结的内容包括五个方面：情况概括、基本做法、经验体会、存在问题、对未来工作的意见。这些内容都是在工作中形成的，其中有的是具体行动，有的则是抽象认识，虽然来源不同、具体特点不同，但应该在一篇文章中有同一的呈现。

### 6.2.1 对情况进行总结

对工作情况进行总结，包括上一阶段工作是在何种依据、何种背景下开展的，使用了怎样的指导思想，设定了怎样的工作重点。

> 2008年，在市直机关工委和局党组领导下，局机关党委始终坚持以邓小平理论、"三个代表"和"八荣八耻"重要思想为指导，按照抓党建、提业务、促发展的工作思路，采取积极有效的教育形式，进一步强化机关的思想建设、队伍建设、廉政建设，着重在锻炼好队伍、建造好机制、营造好环境上下功夫。

该段文字指出了上级精神的依据、理论和思想的背景，并阐述了工作的重点，是很好的工作总结的开篇。

### 6.2.2 对做法进行总结

工作总结中的主要部分，在对基本工作情况进行阐述的同时，还应该做到分析和研究、归纳及概括。值得提醒的是，基本做法的介绍需要详略得当，在该详细的部分应该详细介绍工作做法，在该简要的部分则必须适当简略，如果将之写成流水账式的工作记录就"跑题"了。

某国税局全年工作总结的基本做法提纲如下:

(一)全力以赴组织税收收入

坚持以组织收入工作为中心,全力以赴、强化征管。全年共组织管理口径各项税收收入51.03亿元,同比增长22.44%。

(二)积极落实税收政策,支持地方经济发展

(三)认真落实税制改革任务,"营改增"效应进一步显现

(四)狠抓严管,严格防范和遏制各类发票违法犯罪

(五)勇于创新,进一步深化税源专业化管理

(六)优化服务,努力提高纳税遵从度

(七)以人为本,不断提升干部队伍活力

(八)严格纪律,深化推进党风廉政建设

(九)全面规范内部管理,提高工作保障能力

这些基本做法实际上正是该机关全年的工作任务,按照任务的重点程度进行了排序。其中第一点、第二点、第三点属于常规工作任务;第四点属于防范性质的监管工作任务;第五点、第六点属于创新型的拓展工作任务;第七点、第八点、第九点属于内部管理型的保障工作任务。这些工作的综合介绍,正是对基本做法的如实体现。

### 6.2.3 对经验进行总结

在工作做法的基础上,将取得成绩过程中具有指导意义的经验,进行具体概括和阐述。通过这样的介绍,能够加深阅读者对工作做法的印象,同时也能凸显工作做法的价值。

在某次招商会后的总结中,进行了下面的经验阐述:

首先,前期工作做得较好,准备较为细致,考虑到了多方面因素和

细节问题；

其次，H省各方面都做到了很好配合和协调，这和我们之前的积极沟通也有关系；

另外，我省招商团到达当地后，集中全力进行招商，不同地市领导都先后亲临会场。此外，在去年H省工商代表团访问我省时，我省政府领导也向代表团一行介绍了我省的投资环境、经济建设等各方面情况，对此，H省主流媒体都给出了报道，直接促进了H省工商界对我省的关注，这也是重要因素。

将工作经验分成几点解析，结合起来看就成为了工作成功的整体经验，并突出了其中较为长远的工作经验，也能够促进今后进行类似的操作。如果在经验的基础上继续上升，达到理论化表述的高度，能够使经验总结更加系统化和条理化，就会获得更加重要的影响力。

### 6.2.4　对问题进行总结

一般来说，总结以肯定过去的成绩、对正面经验加以总结为主，实际上存在的问题也需要加以总结。写问题可以采取概述，利用并列句式或者长句子加以叙述；写问题也可以采取细节描述，即列出具体的问题，从不同的原因推导出不同的项目来谈总的想法。

概述问题式的如：

回顾一年来的工作，虽然取得了一定成绩，但还有一定差距。例如，理论学习不够深入，对机关内部一些管理工作还不够深入扎实等。

细述问题的如：

回顾一年来的工作，我在思想上、学习上、工作上都取得了很大的进步，成长了不少，但也清醒地认识到自己的不足之处：首先，在理论学习上远不够深入，尤其是将理论运用到实际工作中去的能力还比较欠缺；其次，在工作上，工作经验尚浅，尤其是在办公室待的时间多，深入村里的时间过少，造成调研不够，情况了解不细，给工作带来一定的影响，也不利于尽快成长；再次，在工作中主动向领导汇报、请示的多，相对来说，为领导出主意、想办法的时候少。

### 6.2.5 对意见进行总结

在总结中还应包含对未来的展望，即根据现有的成绩和缺点情况，形成具有实际操作意义的提高方案，并以意见的形式向领导提出。这样可以更加直接、迅捷地让总结中的经验得以发挥。如：

展望新的一年，我们决心在社会慈善工作中再创佳绩，以民生为本，继续推进各项工作，尤其建议加强同社会爱心组织的联系，加强相互之间的合作与协同，拓展更多的慈善方式，扩大慈善规模，为推进我市社会慈善工作的进步搭建更多的平台，打造更加通畅的成长渠道。

这段文字既包括对未来的展望，又充分坚定了工作信心，也包括了对未来工作重点的突出。在大多数类型的总结中，都可以采用这样的方式来予以结尾。

## 6.3 有点有面的全面总结

一个地区、一个单位负责的工作方方面面，涉及不同矛盾、不同重点，所以对各个方面工作进行认真评估并均衡得失，从而对总体工作给出全面评价和总结，就显得非常重要。

通常情况下，除不同机关单位的年度总结属于全面工作总结外，还包括跨年度的总结。由于时间跨度较长、工作头绪众多，全面总结必须要有点有面地写作，才能体现工作的成绩，归纳出其中的经验和教训。

### 6.3.1 全面总结的标题

全面工作总结的标题必须要立体、概括地反映出工作内容，通常情况下，可以采取以下两种不同的总结标题：

一种为文件式的标题，其组成规则为"单位+时间段+文种名称"组成，如《××处2008年度工作总结》等。根据实际情况，也可以将其中的单位、时间省去。这样的文件式标题显得较为庄重，也能够直接作为正式文件的附件使用。

另一种标题则为非公文式的标题，可以使用单一标题，也可以使用主标题加副标题，如《将××建设成为区域经济中的亮点城市》或《规范管理监督程序打造公平公正执法环境——××局2007年工作总结》等。采取这种标题，显得比较灵活，通常都能够直接对文章的主题加以揭示。

在全面式的总结中，开篇显得尤其重要，如××驻村干部的个人工作总结开头部分：

一年来，在村"两委"班子的密切配合和共同努力下，主要做了以下工作：扎实地指导驻点村开展了第三批保持共产党员先进性教育活动，发展烤烟生产，加强基础设施建设，推进社会主义新农村建设等各项工作。下面，我就今年以来的驻村工作进行总结。

开篇要简要介绍总结范围内工作的时间段、地点、背景、工作过程和总体评价，这部分的写法应该力求精简而不应啰嗦。

### 6.3.2 全面总结的开篇

在全面总结的开篇，还可以更加侧重于对成绩的介绍，包括突出过去时间段工作中取得的成就、荣誉等。这样写，能够让人们产生更加强烈的阅读欲望，去了解接下来的详细内容，明白工作成绩取得的过程和条件。

如××区开发区工作总结的开头部分：

一年来，××经济开发区管委会在县委、县政府的正确领导下，以邓小平理论、"三个代表"重要思想和科学发展观为指导，全面贯彻党的十七大和十七届四中、五中全会精神，围绕建设"新型工业强县"目标，抢抓机遇，积极进取，开拓创新，加快发展，在招商引资、项目建设、对口支援和机关效能建设方面取得了丰硕成果，各项工作全面进步。

### 6.3.3 全面总结的主体

在全面总结的主体部分，最低的要求是写作者能够对一定时期内所做的工作按时间段进行整理，如实反映工作过程。在此基础上，还应该对所完成的工作加以有效分类和归纳，划分成不同方面，然后在这样的基础上进行抽象和升华。

这一过程中涉及主次轻重的问题，即将哪些工作上升到经验和体会上，哪些工作只是简单介绍。当然，这就要结合总结内容具体的性质和类别进行确定了。一般来看，全面总结中那些涉及工作程序繁杂、工作区域较广的工作，应该进行更大范围的概括，并从中得出经验体会；那些工作程序较为简单、工作区域不大的成绩，则可以进行适当的个别总结。是否能掌握好这样的"度"，能不能做到既体现了工作成绩，又找准了规律，是对总结质量进行评价的最好标准。

### 6.3.4 点面结合写好全面总结

要写好全面总结，尤其要注意在经验和体会的提炼部分抓好"点面结合"。

一是抓住经验的重点。看总结写得水平高低，并非看具体篇幅，也不是首先看文字水平，而是看文章中抓住的规律性认识是否落在重点上，是否对今后的工作有实际指导作用。缺乏重点经验介绍的总结，就算写得再多，文字再漂亮，也谈不上是一篇好总结。因此，在对总结加以构思时，要在对材料加以分析归纳的基础上，明确经验重点。

下面这些方向是最典型的经验来源：

首先是工作做法上的经验，即通过怎样的做法，直接取得怎样的效果；

其次是工作效果上的经验，即因为采用了哪些做法，所以获得了哪些效果；

再次是工作认识上的经验，即对某类型工作应该如何去加以认识。

同时，这三点经验来源还可以进行"混合"。比如，既抓住做法上的经验，同时又抓住由于这样的做法而产生了哪些认识上的经验；又如，因为认识到效果上的经验，从而能够进一步提炼做法上的经验等。总之，可以对某一个重点强调经验，也可以从多侧面展示一系列的基本经验。

由于各自所抓住的"重点"不同，不同的全面工作总结也就能够从不同的角度展示各自特色。其中最基本的要求在于内容应当具有真正的深度，不能显得平淡。某些全面总结写出来虽然洋洋洒洒，但却无法吸引人们的注意力，得不到领导好评，其原因就在于没有抓住应有的重点内容，即使下笔千言实际上却空无一物。

二是全面论述经验。抓住某个重点方面的经验加以论述，并不意味着只从单一角度去看待和总结经验。这是因为经验来自具体的工作过程，而工作实践必然是涉及多方面的，包括工作中的思想认识、工作中的做法、工作中利用到的资源等。在具体论述经验时，就可以从各个方面着手阐述，才能由点及面，显得立体和丰富。

例如，在"认真落实党风廉政建设责任制"这一重点中，写作者运用下面的内容来全面论述：

按照"八个坚持，八个反对"的要求，严格遵守"一岗双责"，全面落实党风廉政建设责任制，积极开展反腐倡廉工作，保持全镇党员干部良好的党风、政风。工作中，着力抓好以下五个方面：一是加强党风廉政建设工作的领导。年初对全年的党风廉政建设工作认真研究、精心部署，成立了党风廉政建设领导小组，制订了××年党风廉政建设工作计划，健全了镇纪委组织，成立了信访办公室，完善了《×镇二○○八年党风廉政建设各项任务责任目标及考核办法》《×镇党委、政府落实党风廉政建设责任制规定实施细则》《×镇人民政府廉政制度》《廉洁自律制度》《党风廉政建设责任报告制度》《党风廉政建设责任追究制度》《党风廉政建设责任考核制度》《诫勉谈话制度》《建立领导干部廉政档案制度》等各项规章制度。二是抓好廉政教育。（1）抓好机关干部的廉政教育；（2）在解放思想大讨论活动中开展了深入的党性教育；（3）结合解放思想大讨论活动中提出的意见，通过个别谈话等方式，有针对性地解决不廉洁行为。三是从我做起，向我看齐，廉洁从政。四是严格落实党风廉政建设责任分解制度，汇报制度。五是加强民主评议行风活动，切实纠正部门和行业的不正之风。

这一段层次清晰、内容完整，从上级要求和思想认识写起，属于思路上的经验。然后是工作中具体行动的经验，包括制度、教育、讨论、评议等方面的做法，属于实践中的经验。

写作实践说明，全面工作总结以经验为重要内容，只有能够将点面充分结合起来，总结的写作才能站到更高的舞台，获得更多的认可。

## 6.4 充分主动说"专题"

与全面总结不同，专题工作总结，是指个人或者单位针对某一项具体活动或工作所作出的总结，正因为是"专题"，所以并不会像全面总结那样拥有较大的范围和较长的时间跨度。

从内容上来看，专题工作总结可以分为两类：一类是日常工作中某个单项工作的总结，如财务工作总结，人事工作总结，办公室工作总结等；另一类则是阶段性的、临时性的工作任务或活动总结，如安全生产检查总结、社会治安综合整治总结等。

与全面总结突出取得的经验和对未来工作的指导意义有所区别，专题性工作总结既可以采用归纳经验的写法，也可以采用工作内容式样的总结，即将工作的措施和成绩结合在一起，采用叙议结合的方式分步骤写出，一般不谈工作的不足及今后打算。

在结构上，专题工作总结和全面工作总结是相似的，都是标题、正文和落款。需要提醒的是，专题工作总结通常只采取文件式的标题，如《××局2007年党建工作总结》等，在"机关名称+时间段+文种名称"之中，还要加上"事由"，形成"机关名称+时间段+事由+文种名称"的标题规则。

### 6.4.1 专题总结的开头

专题工作总结的正文部分又可以分为开头、主题与结尾。其中，

开头应该简洁有力、单一集中,介绍清楚本文主要总结的工作事由即可。例如:

为加大《省人口与计划生育条例》宣传力度,营造良好的人口计生宣传工作氛围,市妇联按照市委、政府的统一安排部署于5月份开展了为期一个月的《省人口与计划生育条例》宣传活动。

也可以采取设问式的开头方法来引起下文,如:

面对国际金融危机引起的经济衰退,怎样帮扶我市中小型生产制造企业在市场竞争中保持原有的竞争力?围绕这个问题,我局开展了×××帮扶活动……

### 6.4.2 专题总结的主体

在专题工作总结的主体部分,写作者需要事先获得充分的材料,然后对材料进行分析、甄别与选择,从而确立总结主旨。这样,总结主体部分的框架就得以形成。如果框架清楚醒目,就能够让文章整体条理分明。否则,专题工作重点不能突出,显得头重脚轻或松散无力,甚至令人不明就里。

下面几种方法可以在专题工作总结主题内容排列时加以选择:

### 6.4.3 顺序排列式主体

任何一个专项工作或活动,其中必然有基础工作需要提前安排,将其放在前面最突出的位置符合逻辑和习惯,同时也便于展现完整的工作时间轴脉络。

在《全国土地日宣传工作总结》中，写作者按照工作的时间顺序安排下列内容：

一、统一思想，提高认识，在宣传规格上突出一个"高"字

我局高度重视，坚持高位、高规格推动今年土地日宣传活动，多次召开局长办公会和中层以上干部会议，对宣传活动进行了专题研究部署……

二、未雨绸缪，计划先行，在宣传指挥上突出一个"严"字

凡事预则立，不预则废。为了切实搞好土地日宣传活动，我局提前谋划，精心准备，为活动的顺利开展打下了坚实基础……

三、围绕主题，突出重点，在宣传形式上突出一个"新"字

四、深入群众，贴近实际，在宣传成效上突出一个"实"字

## 6.4.4 因果关系式主体

在专题工作总结中，文章主体前段的内容设置为"怎样做"，包括采取措施的原因、怎样决定和布置工作、怎样进行具体的措施操作，后面则分别写取得了哪些效果。这样，因果关系明确，前后呼应，显得逻辑清楚。

如下文《乡镇党建宣传月活动总结》的主体内容，先从加强组织领导开始写起，再到宣传内容和形式的打造，最后指出工作方法所取得的效果。

……

二、加强组织领导

为了加强对本次宣传活动的领导，确保本次宣传活动有序开展，在

宣传活动开展之前成立了以党委书记为组长的"××乡开展党建宣传月活动工作领导小组",在领导小组的组织和领导下认真开展我乡党建宣传月活动,在活动中坚持正确导向,保持舆论声势,注重反映实际,增强了社会效果。

三、宣传内容和形式

1. 由各村支部牵头,充分利用各村组织的春节联欢晚会的文艺表演,有效加入党建宣传的内容。

2. 由各村党支部牵头,充分利用赶乡场的机会和到人口集中地,向人民群众宣传各级党组织对党建工作的重大部署。

3. 广泛开展党建宣传教育活动。

4. 结合宣传月活动,扎实开展了"二进村""三登门"活动……

在有了上述介绍作为铺垫之后,工作结果则能水到渠成地被接受。

四、本次宣传活动取得的效果

通过开展本次党建宣传活动,更好地向全乡人民群众宣传了基层组织建设工作,营造浓厚的舆论氛围,使加强党建工作的重要意义和任务要求更加深入到广大党员的心中,广大党员和人民群众参与基层组织建设的热情更加高涨,形成了党建工作齐抓共管的良好局面,为我乡全面建设小康社会提供了良好的组织保障,达到了预期的效果。

### 6.4.5 成效-原因式主体

即先写出在专题工作中取得的成效,然后写所做的工作内容和采取的措施。这种内容安排方式,通常需要采取较多的事实、数据或者荣誉来说明工作业绩,然后再谈到具体的工作方法和安排。

如在某地全市乡镇企业发展工作总结中，主体的前半部分列举了乡镇企业的发展概况：

全市乡镇企业（不含个体工商）完成总产值277.15亿元，增长25.5%，其中工业企业完成总产值220.14亿元，增长65.1%；工业企业完成增加值62.88亿元，增长64.4%；工业企业实现营业收入183.79亿元，增长59.4%；工业企业实现利润总额6.49亿元，增长59.7%，实现上交税金6.03亿元，增长35.8%……

后半部分则主要列举了工作中采取的措施和经验：

1. 分解落实目标任务，加强统计管理工作。一是做好乡镇企业发展主要经济指标任务的分解和落实工作……二是加强统计管理，加大运行监控和分析力度……

2. 加快服务体系建设，营造企业创业和发展的良好氛围。一是加强对我市担保行业的管理，进一步推进信用担保体系建设……二是加快企业信息化服务体系建设，推进城市信息化建设进程……三是加快企业信用制度建设，倡导建立企业信用评价体系……

3. 结合推进"三个一"工程，培育发展优势骨干企业。一是集中政策资源和扶持手段，培育发展一批龙头骨干企业，通过争取国家中小企业发展专项资金、省重点技术改造资金，形成新的龙头骨干企业……

4. 抓好企业技术进步工作，增强企业发展后劲……

5. 加强对企业改制改革的指导和服务，促进企业加快改革发展。一是加强对企业改制改革的指导和服务……二是推进中小企业上市培育工作……

上述三种方法，都能在编写专题工作总结报告的主体部分时选用。具体使用时，除了根据上级领导的习惯、倾向来选择，更要围绕工作本身的特性和在战略部署中的地位加以灵活使用，确保专题报告的"专题性"得以充分体现。

## 6.5　一切都是为了实践

写工作总结，并不是公务员的日常工作。因为只有工作真正到了完成阶段才需要进行总结，总结文章本身的内容，又并非是在体现决策层的命令意志，而是归纳来自于基层的工作实践。因此，在动笔开始写工作总结时，写作者需要做的不是对事实简单罗列，也并非想当然地进行编造，而是要做好下面的准备工作，更好地反映实际、指导实践。

### 6.5.1　实事求是写作

总结是为了认识实践，进而总结其中的客观规律性，并指导之后的工作实践。有的公务员在工作一段时间后，无论是否拿到写作任务，都会认真对已有的工作过程加以总结，随着经验积累得增多，储备的素材不断增加，一旦投入写作就能很快完成。相反，一些干部虽然也投入了工作时间和精力，但在工作完成之后就选择了"遗忘"，只是被动地应付不同的事务，结果工作水平不仅无法提升，而且一旦面对总结写作就会感到头疼。其实，只有先充分认识到总结的意义，才能在工作中随时随地进行认真总结，而不是为了临时交差或者获得上级的青睐临时草草编造。

有了良好的态度，还要学会实事求是地去了解和反映情况。在行政机关的统计中，数字要真实准确，在工作总结中同样要预防弄虚作假的行为发生。工作总结无论反映个人还是单位的工作成绩，都应该经得起推敲考验，能够真正代表实际业绩。如果在总结中将数字造假、案例造假、经验造假，不仅会让工作实际情况失真，还会导致上级对某个地区、某个单位、某个人的工作评价失去标准，使得领导的决策失去应有的依据。

例如，某城市进行文明城市创建，曾经出过数据脱离真实情况的事情。按照下面的区县工商分局总结上报的数字，累计全市新增的个体工商户营业执照的办理率达到了96%，超过了全省的平均水平。而市工商局的领导调出去年办理率数字一看，才80%出头，于是就要求区县重新报数字，结果数字降到了93%。这份总结交到市政府后，市政府领导觉得数字依然有问题，就派出调查组去抽样调查。调查结果显示，营业执照办理率只有81%。结果，该城市工商局的领导因此受到批评。

这个负面例子说明，工作总结中列举出的数字必须真实，要符合实际。即使是下级送交的文件上提供的数字，也最好不要直接用在总结报告上，防止因为疏于核对造成数字而和事实有较大出入。

对重要的材料，写作者要加以认真核实。例如，对数字，应该加以认真计算与核对，对于典型事例，则需要搞清楚其来龙去脉，思考其立场角度是否准确客观。只有这样，才能做到实事求是的写作。

### 6.5.2 拓宽渠道去搜集材料

相比其他许多文种，工作总结的内容更为直接、具体，需要大量能够支撑起整篇文章的真材实料。这些材料的搜集与获取，不可能一蹴而就，需要写作者在日常工作中辛勤积累。

不少同志在写总结时，更是依靠日常积累来做文章，包括不同部门送来的工作汇报，上级下发的决定、计划等，还有平时由下级提交的信息、简报、报表、汇报等。诚然，这些都是公务员在平时文案工作时积累的重要内容，依靠它们进行拼凑、修改、整理，的确能形成一份工作总结。但这样的工作总结毕竟只是从书面上得来又转化到书面上去，获取信息的渠道太窄，凭借这些来"组装"工作总结，显然只是反映了实际情况的一个方面，而不是全部。

事实上，收集工作中的材料和信息，可以有很多重要渠道。例如：

一是进行实地调查。写作者亲自到不同部门、不同岗位上去进行调查，了解情况，掌握第一手资料；

二是获取群众意见。写作者可以利用个别交流、座谈或者电话询问、上门拜访等方式，搜集基层和社会的反映；

三是查阅和了解相关部门总结出的数据材料，尤其是能够体现出重大成绩或者问题的材料；

四是注意了解和掌握相关领导同志对现有工作情况的分析、目前工作成效的评价，尤其是主要分管某项工作的领导意见。由于这些领导掌握详细情况，看法也更加权威，因此将之写入工作总结之后无异于锦上添花。

总体来看，只有多渠道了解情况和搜集信息，才能让手中的材料更加全面、丰富和具体。即使获取的这些材料并不一定能全部使用上，但也需要日常的不断积累。

### 6.5.3 比对分析研究材料

工作总结是从总体上把握工作发展的态势。上一级的工作总结，不是基层工作总结的简单相加。即使是某项阶段性的工作活动，虽然不同基层单位在步骤和方案上是统一的，但在具体执行过程中的效果必然不会整齐统一。这就需要写作者对获取的材料仔细比对分析，看看其中哪些问题解决了，哪些问题没有解决；哪些做法同上级指示符合，哪些没有完全做到；哪些是其他机关做到的，哪些是我单位领先的。经过这样的比对，才能形成总体材料。比如，

根据市委、市政府的要求，我镇在6月9日至6月25日组织开展了"卫生环境整治周"活动。在市委、市政府的领导下，在驻镇各部门和各行政村的共同努力下，共清理垃圾点43处，清运垃圾955车，清除小广告260多处，疏浚龙须沟延长××米，清理柴草垛22个，清理边沟延长1500米，使镇容村貌焕然一新，较好地完成了环境卫生综合整治任务……

这一段内容当然不是直接统计出来的，是从基层不同单位、不同部门的统计数字中经过综合分析和计算而来的，等于为整个工作活动的成效定下了基础，也为接下来不同段落的展开提供依据。若缺乏这样的综合分析判断过程，整个材料就会给人一种失去主题引领的感觉，变成零碎的材料罗列。可想而知，这样的工作总结必然难以成功。

实践在前，总结在后。只有实践才能出真知。重视实践才能让写作者的文章具有真实的力量。

## 6.6 让述职总结抓人眼球

在不同的总结中，述职总结是较为特殊的一种，公务员无论是个人工作需要，还是为上级领导服务，都离不开这种文体。怎样将之写得抓人眼球，更值得写作者深入研究。

述职总结又名述职报告，是指领导干部根据自身职务的工作要求，就一定时期内任期的目标，向选举或者任命机构包括上级领导、主管部门和本单位干部、普通群众代表等，进行关于自身履职尽责工作的书面总结。这种总结是干部管理考核专用的文体，因此较为常见。

述职总结虽然通常被称为"述职报告"，但主要是指向听众做的"报告"，和作为法定公文类型之一的"报告"并不是同类的文种，其中文章内容、功能和作者的身份都有着很大区别。一般来说，述职总结内容需要包括任职期间取得哪些工作成绩，存在哪些不足之处、失误之处，存在哪些问题等。虽然述职报告的机关单位、对象层次、具体内容都有所不同，但都应该具有下面的内容：

## 6.6.1 岗位职责部分

机关工作中虽然有着不同的分工，但岗位职责是任何一个职位都应该重视的。述职报告应该对自己担任职务的基本情况加以简明扼要地介绍，包括所担任的职务、任职的时间等，然后对自己的岗位职责加以详细介绍，其中包括自己分管何种工作、任职期间的工作设定了哪些目标等。有了这些内容，就能够为负责考核的主管部门和担任评议者的群众、干部提供标准，使他们可以衡量不同层次、不同职位的领导是否尽职尽责。

## 6.6.2 指导思想部分

指导思想是述职总结的主体，以领导干部为大多数。领导干部的工作有自身的目的和原则，就是站在党和政府的立场上，依据党和国家的法规、政策去对事物进行观察、对问题加以分析，从而开展工作。如果缺乏正确的指导思想，就难以辨明工作中的主次要矛盾，看清楚事物的本质，找出存在的问题，采取正确方法完成自己的本职工作。因此，在述职总结中，也需要有相应的文字内容。

2008年，在市委、市政府的正确领导和市人大、政协的有力监督下，我认真学习了党的十七届二中、三中全会会议精神，以及省委第×次党代会和市委第×次党代会精神，并结合工作实际认真落实科学发展观，紧紧围绕全市商务工作目标和重点工作，抓住国家商务部出台的"十三项工程"的有利时机……

这段文字从党中央的会议精神开始，到省市的党代会精神，结合工作形成指导思想，为整篇述职报告定下基调。

### 6.6.3 主要工作部分

述职总结中最重要的内容是总结者对自己工作的汇报。这应该向组织和群众如实汇报，包括工作过程中取得哪些成绩，带来哪些经济和社会效益，出现何种事故，造成怎样的损失等。值得注意的是，不能只报喜不报忧，也不能放大成绩缩小缺点。

例如，在某纪委书记的述职报告中，列举了若干点主要工作事项。规定时间内依法依规结案，做到件件有着落、案案有结果。2014年以来，我镇共处理好12345便民服务台反映的问题279件，办理上级交办的信访件50件，查处违纪违法党员干部4人（其中一人系从信访件中发现线索，并立案处理），其中给予党内严重警告3人，开除党籍1人，结案率达100%，既惩处了违纪者、教育了广大党员干部，又保障我镇社会经济良性发展。

此份述职报告详细列举数字，将自己的主要工作详细描述，让人能够一目了然，也便于领导的考核。

### 6.6.4 经验教训部分

即从自身工作实践中寻找和概括出规律性认识，包括成功经验如何发扬、失败教训怎样预防等。这部分的内容应该结合现实需要分析，对成功部分应该侧重提及组织和群众的参与，对失误的部分则应该明确自身应该负怎样的责任。

### 6.6.5 述职总结的写作技巧

要在上述的基础上写好述职总结，还应该注重以下写作技巧：

一是让信心贯穿述职总结。通常来说，领导层更加注重未来工作情况，因此他们更关注下属的态度和信心。如果一个公务人员自己在述职总结中都没流露出应有的信心，他人将更会质疑其能力。因此，不管写作者的工作成绩如何，写作时一定要充分表现出自己的信心，如果成绩充分，要找到优势并分析特点；如果问题突出，就应该在总结中提出对策方案。这样，不论情况如何，都能树立听众对工作的信心。

> 面对新形势、新任务、新要求，本人必定会继续努力，不断加强学习，虚心听取广大干部群众的意见建议，克服自己的不足，不断完善工作方式和方法，提高工作水平。我相信，在现有工作的基础上，将继续努力，为建设美丽××贡献自己的力量。

这段文字表达出充足信心，让听众感受到写作者内心的力量。事实上，表现信心并不需要大段文字，只需要将关键词语串联，就能让人读出其中的思想内涵。

二是让成绩体现在述职总结中。体现成绩并不意味着"吹"，但成绩一定要写充分、写到位，否则，无论是领导还是群众都会对写作者的工作缺乏了解。写成绩时，要注意实事求是，不能只谈自己的贡献，不讲客观环境机遇，更重要的是让成绩能够写出特点，即表现出自己在工作中的具体不同，描写自身的独特优势，指出自己与众不同的做法。如果能写出这些亮点，个人述职总结就会在千人一面的总结报告中脱颖而出，让领导和群众精神为之一振。

三是让不足能够准确表达。述职总结中，不足之处要准确，既不能缩小，也不应扩大，要准确地落实在"点"上。其次，要能够透彻分析不足，并提出真正可信的改进措施。这就需要写作者意识到不足不是写给自己的，而是写给别人看的，让对方看到总结中的客观分析，并能够支持、协助和监督写作者不断改进，这样才能在工作中不断进步、在竞争中立于不败之地。

总之，述职总结是一种考核的方式，更是一种展示自我业绩的最佳时机。写好述职总结，相信写作者能更好地抓住机遇，比他人获得更快的进步。

## 6.7 修改才能打造亮点

一篇总结写下来，虽然写作者感觉自己辛辛苦苦付出了心力，但在领导和群众看来，却总觉得总结缺乏亮点，无法令人赞赏。其实，总结缺乏亮点，是因为缺乏应有的修改。

虽然撰写总结的注意事项和其他应用文多少有点类似，但写好总结，毕竟不能一蹴而就，需要写作者长期练习，潜心揣摩其中的技巧，反复对文字加以修改，才能逐步提高水平。更不用说人们在写总结时面对的问题往往是多方面的。例如，有的文章主旨和材料并不对应，缺乏明确联系；有的文章结构不合理，不同部分的比例失衡，层次不清；有的文章材料排列不科学，详略不得当，重点不突出；有的文章有太多套话、空话，或者语言啰嗦……以下是常见的写法毛病。

### 6.7.1 改动套话空话

一是惯用套话空话。必须承认，总结是常用公文，其写作方式必然存在一定的程式性。绝大多数人写总结，都会不同程度地存在套话的问题。比如，无论是个人总结还是单位总结，开头部分经常是政治思想工作等方面的套话。但如果用惯了套话，甚至只会写套话，就难免变成了空话。

例如："认真学习贯彻党的路线、方针和政策，深入学习领会党的××大精神，努力践行邓小平理论、'三个代表'思想和科学发展观，不断提高政治理论水平，在思想上和行动上同党中央保持高度一致……"这些文字当然要写，但写的时候要注意结合自身实际工作，而不是将之当成"帽子"，不顾实际情况随意戴上一顶。

在修改时，执法单位的公务员可以加入下列文字"在加强思想政治学习的同时，我还深入学习《行政许可法》《行政复议法》等法律知识，增强法治意识，自觉遵纪守法，未发生违法乱纪行为"。这样就从"套话"上落到实处，显得脚踏实地。

又如，还有的基层公务员在修改个人总结之后加上这样的文字："因为切实学习领会了×××思想，牢固树立了全心全意为人民服务的宗旨，对工作态度加以端正，改进了工作作风，为进一步做好乡镇基层工作打下了良好的政治思想基础。"这也是和自身工作加以联系，能自然引出下面关于具体工作的总结部分。

在修改总结时，写作者必须先解决套话和空话的问题，紧密结合自身工作实际，将每句话都落到实处。还可以适当地将自身的工作岗位和特长加以突出，从而避免雷同感的出现。

### 6.7.2 改动拖沓文字

总结中，经常容易出现用语不简练的问题。从写法上面分析，不简练的原因主要在于详略不当，面对繁杂多端的材料缺乏加以精准概括的过程，导致该详细的地方没有详细，该简略的地方没有简略。从思想上分析，这种情况大多源自于写作者没有真正深入思考，只是在总结工作时纯粹填充字数，拖泥带水，生怕因为漏写了什么导致领导不满。但滥用长句子、重点不突出等毛病，同样会分散阅读者的注意力，让他们不堪卒读。

在本年度的工作中，本人积极参加单位安排的不同政治学习活动。在参加这些活动获得进步的同时，本人也充分利用工作以外的时间，通过电视新闻、杂志报纸和电脑网络等媒体，认真学习和领会党的十八大精神，认真学习并贯彻党的路线、方针和政策，系统深入地阅读了《行政管理》《民法》《行政许可法》等业务书籍，增强了理论知识，进一步熟悉了和业务相关的政策、法律和条例等，逐步提高了自己的思想水平和业务素质……

这样的文字缺乏主干，有太多的修饰用语，让领导阅读起来难以迅速抓到重点。在对这种文字进行修改时，必须要大刀阔斧地进行删减，将分散的内容予以合并。

### 6.7.3 改动层次关系

在总结中，不符合逻辑的最突出问题是语句之间意思的纠结，深层原因则在于写作者思维的混乱不清。下面这段工作总结文字就出现了类似毛病：

全年工作中主要包括如下方面：

1. 认真做好了机关文秘材料的撰写、打印、上报、管理，做好会议记录、档案分类等办公室工作，确保及时整理和归档。

2. 积极参与对特种设备质量监管工作，确保各种案卷文书材料的撰写分类和归档……

这段文字乍看似乎没什么问题，稍微仔细一点就能发现，其内部的逻辑层次并不清晰。其中，第一点提到了做好文秘材料的撰写，第二点又提到了案卷文书的相关工作，这两种工作可以归为一类。即使不归为一类，也应该在文字中予以体现，说清楚其中的不同。

### 6.7.4　总结的修改重点

为了克服上述问题，总结的修改必须要找准重点。

首先，要对主题和观点加以审查，包括主旨是否正确、鲜明、深刻，是否真正符合工作的实际情况，看材料是否真正为主题服务，能不能被他人承认，是不是经得起质疑和推敲。在写法上，则要注意用词用语的分寸，不能过于拔高，也不能以偏概全。例如"盛大的成功""光辉的局面""迅猛的进步"等都不应该轻易使用。

其次，要对不合理的结构进行调整，使得整体结构前后合理，层次清楚，段落之间合理过渡，并有条不紊地展示工作成绩。在材料的使用上，要懂得筛选的重要性，能够让材料分别在不同侧面体现主旨，而不是堆砌在某一处反复使用。

最后，在修改过程中，还要注意词语的修改。例如，避免某些词语重复出现，学会用不同词语加以替代，在写同一个论点或者同一个工作领域，要能够尽量对材料或观点进行主动合并。总结内容中的逻辑问题、语病问题，更应该在修改的计划中。

总结的修改，应该针对容易出现的毛病进行反复揣摩。只有修改到位，总结中的亮点才能完整呈现，并打造出完整的优秀文章。

## 6.8 突破才是好总结

公务人员接触最多的总结，无疑是"年度工作总结"，引起怨言的则更集中在这方面。有些公务员朋友曾经对我说："年年写，年年都一样，无非换几个数字、几个人名……"还有人说："本来是想认真写的，可写来写去，觉得还是拿出去年的来改一改更好……"

究竟为什么会产生这样的感叹？难道总结真的写不出亮点吗？推而广之，难道总结来总结去，永远都是在重复过去的文字？

答案当然是否定的。没有突破的总结，才会让写作者感觉始终是在重复相同的劳动。

绝大多数写作者也不喜欢用旧瓶装新酒，可写出来的都是老内容，受到思维模式的桎梏，他们总觉得写来写去只有那些旧的工作内容，经济上，农业、工业、服务业、招商引资、个体私营、财政和金融；党建上，从理论学习到队伍建设，再到廉洁自律、政风行风、民主集中制……这样写起来，怎样都没有什么新面孔。

这种看法在表面上有一定道理，但根本问题并不在此，在于写作者的思维方式没有突破。不少写作者没有从新的角度看待问题和工作，也没有尝试过用不同的方法表达同样的观点，这样很容易出现即使想创新突破也力不从心的情况。

对总结加以突破的方法很多，不同的方法都有相同的原则，就是找到属于自己的特色。所谓特色，就是工作中的特点，正因为有这些特点，工作才能区别于以往和他人，这些特点又并非从写作者的空想中来，而是写作者从对工作实践中的观察和了解中得来。具体而言，写作者需要掌握好情况，然后在其基础上进行比对和分析。例如，今年和去年的工作成绩体现在数字上有什么不同，数字的不同背后又有什么原因，究竟是哪些方法、措施或者侧重点带来这些不同，数字代表的实际意义和效果又有什么不同……找到这些不同的关键点，就能够给总结带来突破的特色。

事实上，不仅写作者需要用特色带来写作的突破，领导层也需要从阅读总结的过程中寻找特色来实现突破。因为领导层不可能每年都从同一个角度去看待工作，会根据下级提供的情况不同来调整管理思路和领导方法。如果下级不愿意通过总结这个形式去实现突破，领导当然也会无从改变和发力，

要实现这样的突破，可以从下面几个方向着手进行。

### 6.8.1 创新式突破

工作总结的常规套路当然包括基本做法、工作成绩、经验教训、存在问题和原因、未来工作努力方向等。如果所有工作总结都按照这种套路来写，就会如同流水账一般无法令人得到新的启迪。尤其是随着工作时间增长，写作者写作次数增多，更会感觉到这种套路写作的毛病。

因此，在适当情况下，总结的写作必须要打破旧有套路，努力在写作体裁上追求创新效果。例如，可以不再是平均使用篇幅，而是重点写某个时间段内最有新意、最与众不同的工作，其他日常工作甚至可以不写；或者可以将主要文字放在总结工作经验上，让人能够看到写作者的收益；也可以只写教训，提高今后工作的效率。

在实际工作中，写作者可以尝试将同一份工作总结先按照套路写一

遍，然后从突出特点的角度重写一份总结，进行对比后，就能分出具体的差异，从而帮助自己开拓更好的写作思路。

### 6.8.2 生动式突破

写工作总结之所以容易陷入俗套，是因为写作者一直按照刻板的语言、完全遵照规范和要求去写，写完之后就会发现自己的文章缺乏意境，平铺直叙而缺少起伏。其实，工作总结原本就比较刻板，不可能像新闻通讯、报告文学那样写得生动活泼，写好工作总结，更需要在语言上破除刻板和追求生动。

首先要在小标题上创新，不应该总是采取"活动+成效"的标题，可以使用直接展现成效的标题，从而具有更好的形象性。例如，促进居民生活的改善，可以直接用"群众的钱包鼓起来了"，显得既形象又生动。

其次是在表述形式上进行创新。工作总结通常都采取直接叙述的表达形式，但如果整篇文章都采取这样的方式，就会显得单调而乏味，文章显得缺乏推动力。因此，在写工作总结时，可以适当运用灵活手段。例如，先摆出效果再回顾工作方法的"倒叙"方法，就能很好地让总结呈现较好的灵活氛围。

再次是写作修辞上的创新，写作者可以适当运用一些修辞手法，如对比、比喻、谚语等手法。如果能够恰到好处地运用，就能够为总结增加活泼生动的色彩。

### 6.8.3 精练式突破

由于总结文章内容的时间跨度较长、工作领域较宽，写起来容易篇幅太长，而工作节奏的加快、工作内容的加大又不允许领导有更多时间来仔细研究这样大篇幅的总结。因此，工作总结的篇幅应该经过提炼浓缩，从而显得更加精练。

首先是抓住符合时代潮流、具备时代气息的特点，可以提炼和选取几点，而不需要面面俱到。这样就能够适当缩短篇幅，使得重点突出。

其次是让内容显得精练，在工作成绩的表述上，抓住对群众和集体影响最大的成绩来表现，不需要反复强调。在事例上，应该选择最能说明问题的事情作为例证，举一个具有全局代表性的事例，从而减少文字叙述。

通过上述方向的改变，总结类型的文章在得以突破的同时，写作水平和能力也能够得以突破，单位和个人在文字中体现出的形象也就更加明显和生动。

第  7 章

# 简报：信息时代的写作

包括政务信息在内的简报类文章，是公务员实用写作中比较特殊的文体。简报和政务信息既不属于公文中的上行文，不可能承载向上级请示问题的任务，也不属于公文中的下行文，无法用其向下级发出指令。然而，在信息时代，简报的使用相当广泛，有着难以取代的重要作用。

## 7.1 文章小分量不小

简报,顾名思义,其内容简短、沟通快速,用来汇报情况、交流经验、传递信息。简报是工作情况的文字汇报通道,也具备工作报告、通报、转发的作用。简报包括政府机关网站上刊登的信息、通讯、新闻,机关单位内部刊物上的文章,有定期与不定期的分别,其名称也不需要统一,可以叫"××简报""××动态",也可以叫"××情况""××反映"等。

经过多年的发展,以简报为代表的机关单位内部的信息刊物,具备了约定俗成的基本格式,这些格式并没有法定和统一的规定,通常分为报头、报核和报尾三部分,相互用红色横线间隔。

报头部分,包括刊名,用醒目大字标出信息刊物的名称,也可加上单位名称和专项工作名称等内容。期号,即在刊名下方正中,以括号标注上第×期。编印单位,可以仿照公文中文件名称的格式,放在报头的最上方,也可以在间隔线上方左侧标明单位全称。另外,在间隔线上方右侧可以标明印发时间,还可以标明"内部刊物,注意保存"的字样。

报核部分,即刊物所登载的简报文稿。简报文稿包括标题和报文主体,与其他公文不同的是,简报在正文前还可以加上按语。按语应该短小精练,由主编负责起草,也可以由单位领导写作。

报尾部分,包括发送范围,即抄送的单位或领导、印发部门和印制份数。

通过简报,能够让上级领导了解信息,掌握动态并采取相应决策。同样,简报便于平级和下级对情报的互通有无、对经验的交流综合。可以说,简报如同立体交通枢纽,起到使机关内部沟通畅行无阻的效果。

从文体特点上看,简报虽然看起来文章不长,分量却不小。

### 7.1.1 简报速度必须快

简报是公文体系中的"急先锋",反映事实情况、思想动态和工作举措一定要快,一旦慢了就失去其传递信息的价值。因此,编写简报时一定要学会和时间赛跑,能够积极敏锐地发现情况。

如×市市政府办公室于2009年12月22日中午发布的简报:

> 2009年12月22日上午,市十五届人民代表大会第四次会议在市政府第一会议室举行第二次大会。根据大会安排,会议完成了三项议程,市人大常委会主任×××向大会作了《××市人大常委会工作报告》,市人民法院院长×××作了《××市人民法院工作报告》,市人民检察院副检察长×××作了《××市人民检察院工作报告》。

上午刚开的会议,中午就要及时发布,这就体现了"快"的要求,如果拖到第二天,不仅不能及时反映情况,还会造成积压,影响第二天的简报工作。

### 7.1.2 简报内容必须新

快的要求是手段,目标要落实在"新"上。新,就要求简报能够迅速、及时地将不同的新信息整理输送给上级领导和相关部门,包括工作面对的新问题、新矛盾,产生的新思想、新看法,值得注意的新事物、新态度,以及可能导致错误和风险的新苗头等。与此相反,那些传统的、一般的乃至陈腐的材料,不应该放在简报中。

### 7.1.3 简报必须简实结合

简报重视的既然是"快"和"新",就应该在形式上加以简化,能够及时、迅速地将最新信息加以传递，一旦出现繁琐和冗长的现象，会导致写作与阅读的时间延长。这样，简报的质量就会降低，甚至失去其价值。这说明，简报的写作应该追求内容单一、篇幅简洁、语法精练，通常一则简报数百个字即可。

"实"，则是对简报写作的基本要求，也是其他公文写作的基本要求。由于简报本身篇幅小，更需要有实际内容来传递信息，不能写一些"流行"的语言，或者讲讲大道理、喊喊空口号，也不要靠自己听到的或者想到的引申出一篇文章。

下面这篇文章是"简"和"实"结合的成功案例：

12月4日是国家宪法日，为深入贯彻落实党的十八大和十八届四中全会精神，引导干部职工学习宪法、普及法律知识，进一步提高机关工作人员的守法意识，培养依法行政素养，根据市局机关党委的安排，11月26日第四支部积极开展"学宪法答百题"竞赛活动。

在这则简报开头，介绍了时间、主体和活动内容，言简意赅，传递的信息内容也很到位。

在活动的第一阶段，由支部书记带领大家共同学习了《中华人民共和国宪法》的主要内容。通过学习大家对宪法有了进一步理解，纷纷表示，宪法是国家的根本大法，任何组织、个人不得超越宪法，不得违反宪法。宪法是其他法律和法规制定的基础，机关干部要带头遵守和学习宪法，严格依宪行政，自觉将个人的行为置于宪法和法律的框架内，确保宪法得到有效实施。

这一部分是简报内容的重点，由于学习活动重点在效果而不在过程，因此，作者对如何学习只是用最简单的一句话介绍，将笔墨重点放在学习之后的收获上。这样就显得详略得当，虽然形式简，但内容并不单薄，做到了应有的充实。

最后，作者还用一句话介绍活动的第二阶段内容。

> 在活动的第二阶段，四支部全体人员参加了××市直机关"学宪法答百题"竞赛活动，认真对试卷进行了解答。

正如该案例的写作特点一样，简报的简要不是盲目压缩文字，而是尽量让结构简单化。这种简单化是为了让内容更加集中地表达，符合所传递信息的特点。这样的"简"，才是真正简到实处、简到重点，由简转到了实。

## 7.2 信息脱颖而出的秘诀

随着改革开放的不断深化，为了适应网络化时代的决策和管理，作为简报文种的重要分支，政务信息使用的机会越来越多，次数也越来越频繁。目前，政务信息已经成为了公务员实用写作中的重要内容。

政务信息，主要内容集中在对公务活动状况的报道上。写作者通过信息写作，能够向上级、基层和社会宣传公务活动的内容和意义，从而适应领导决策、管理需要，也能树立单位的形象。

相比简报中其他文章，政务信息具有以下特点。

### 7.2.1 信息的政策性

不同级别党政机关的工作任务在于制定或贯彻、执行政策，不同工作的目标和过程，都与某种政策有关。因此，主要为上级机关领导服务的信息文章，或者是对政策进行传达和体现，或者是以政策作为依据，必须同政策有紧密联系。这也正是政务信息和其他简报文章的不同之处。

连日来，××县通过深入走访调研和召开专题谋划会，认真盘点2014年工作，科学谋划2015年各项任务，坚持"四个不动摇"，突出"四个更加注重"，提出今年十项重点工作任务，要求以奋发有为的精神状态，敢于担当，真抓实干，把干事创业谋发展作为最大责任；以扎实有效的工作措施，把县政府明确的主要任务、工作的薄弱环节和群众关注的热点、焦点问题，作为抓落实的着力点，进一步推进新型工业化、新型城镇化、农业现代化和城乡一体化，促进经济持续健康发展、社会和谐稳定，圆满完成"十二五"规划。

这段政务信息以传递该县县委、县政府的政策精神为主题，指出全年工作的政策依据，既反映了领导既定的政策方针，也为基层和群众了解政策提供了服务。

## 7.2.2 信息的广泛性

简报中的不少文章，主要反映的是本部门、本系统的工作情况，政务信息则与此不同。这是因为不同党政机关领导的工作，涉及多方面的领域。这就要求政务信息能够积极反映不同情况，从而帮助领导不仅能看到本部门情况，更能看到广泛的影响范围。

2015年2月，××市政务信息网站首页的政务信息标题如下：

"十三五"规划民意调查活动收到群众建言近千条

××保税区今年生产总值瞄准1600亿元

· 春节假期旅游收入37.47亿元

· 全市开展10项环卫治理行动

　　××图书馆开通数字报纸资源库

· 本市万名警力守护春节平安

· 本市选调生招录面试下月初进行

· 本市落实妇女儿童健康促进计划，有效保证母婴安全

　　可以看到，政务信息涵盖了社会生活各个方面，不仅是党和政府自身的工作，也包括企业、群众组织的工作，政务信息具备了内容的广泛性。

### 7.2.3　信息的权威性

　　简报更多只是由下而上进行逐级汇报，上级领导在拿到简报后并不对外发布。政务信息更多是经过党政机关的审查检验之后，还要对外发布，具有很强的准确性、可靠性和指导性。这样的功能特点，构成了政务信息的权威性。

　　如××市名为《××××在听取重点规划汇报时强调坚持规划引领提升发展质量效益的政务信息》。

　　市委代理书记、市长×××24日在市重点规划编制指挥部主持召开会议，听取全市重点规划汇报。×××强调，要高度重视规划的引领和先导作用，精心编制好重点项目规划，打造更多经得起历史检验的精品工程，进一步提升发展的质量效益。

　　这样的信息代表了政府发布，具有严肃性、官方性、难以替代性，

说明各类政务信息的权威地位。

### 7.2.4　信息写作的原则

要写好政务信息，就要将之从简报类文章中拿出来并加以学习和利用。首先要树立应有的全局观念，挑选有价值的信息加以撰写。与普通简报不同，信息写作中，写作者挑选的范围较大，选择的权限也更加自由，但如果只从眼前工作较窄的角度和较低的层次去撰写，很容易出现局限性和片面性。写作者应该在了解本地区政治、经济和社会情况的基础上，挑选那些领导和群众都关注的焦点与热点问题，写领导所想、急群众所急，用信息反映大局中的事实、数据，不提供虚假信息，这样才能做到用信息服务大局。

其次，要注意信息写作的质量，善于挑选那些具有代表性的信息。一篇好的政务信息，具有一定的广度和深度。从广度上来看，是指不管从何种角度、何种层次来解读与撰写信息，都应该注意信息的代表性，"以点带面"，用一则信息反映整体情况，通过典型的事例、资料和数据反映真实的变化；从深度上来看，要防止只看到实物的表面现象就随意开始编写，写作者不仅要准确全面地去看待情况，而且要能够透过现象看到本质，能深入分析探索事物的发展规律。

最后，与普通简报有所不同，信息不仅要写已经发生的事件，而且需要承担一定程度预测未来发展和变化、趋势及前景的任务。政务信息的写作者要具有超前思维，能够用积极发展的眼光看待问题，能够从历史和现实的关系中找出未来发展方向。否则，信息报道失去了应有的预测能力，只能成为简单的"传声筒"。

## 7.3 从四大要素切入

写好简报信息类公文,需要注重多种要素的综合利用。其中,最基本的要素在于类型、结构、角度和叙述四个方面。把握好类型,才能抓住简报信息的整体特征;把握好结构,才能做好简报信息的结构设计;把握好角度,才能从简报信息中深度挖掘其内涵并提高质量;把握好叙述方法,才能较好地使用表现手段来对信息加以阐述。

### 7.3.1 简报信息的内容分类

从简报和信息反映的内容来看,主要分为以下四种:

一是动态类信息。这类文章主要对某一事件的发展态势和实际情况加以介绍,如《构建地区经济发展新平台大讨论活动拉开帷幕》,记述了主管部门于何时何地召开大讨论活动的动员会议,会议上领导强调了活动意义,提出具体要求,进行了活动工作部署。在动员会议后,不同单位部门积极贯彻会议精神,制定活动方案,并结合实际进行深入讨论……类似的简报信息都属于动态信息。

这一类型的简报信息要求速度快,撰写者必须能用最快时间加以发布上报,在撰写时还应该注意突出重点、防止流水账。

二是经验类信息。这类文章主要对某方面工作成绩取得过程中的具体做法、成功经验加以介绍推广,起到引导带动作用,如《多措并举抓好农民工工资支付监管》这篇信息中,强调××区党委、政府对农民工工资支付工作高度重视和保障,并从以下四个方面进行工作:

一是打牢基础,建立一户一卡、一格一册,对"六清"企业用工信息;二是加强日常巡查,督促企业自查自纠,自我消化矛盾;三是加强劳资纠纷调解处理,把矛盾处理在萌芽状态;四是大力推行"创建劳动者维权之家、创新夜访建筑工地制度、开展农民工学法教育和用人单位监察预警活动"三项举措，积极转变劳动保障监察执法理念。

这些工作经验具有普遍的指导意义，这类型的简报信息就属于经验类，写好这样的信息既要学会观察体会，又要有综合提炼的功夫。

三是问题类信息。这类文章指出在工作中或现实中存在的某些问题，以期引起上级注意，使之能够得以改正。

四是建议类信息。写作者通过将对某项工作建议的内容写入信息并进行上报，从而提出工作方面的意见。

当然，如果从另一个方面来划分信息类型，还可以划分为简讯型信息、综述型信息和评述型信息。简讯型信息，即对某一事件进行简要叙述的信息；综述型信息，即对某个较为重大的问题进行综合性叙述的信息；评述型信息，即夹叙夹议某类事件的信息。

### 7.3.2 简报信息的结构特点

从简报信息的结构来看，最应该注意的是主体内容中的开头、主体和按语。

在简报信息中，开头部分应该包含时间、人物、事情和结果等内容，与新闻信息写作中的导语类似，如"2月14日上午，××县第十六届人民代表大会第六次会议在××礼堂隆重开幕。肩负着全县39万人民的期望和重托，与会县人大代表豪情满怀，共商全面深化改革、全面振兴发展、全面建成小康大计，书写振兴发展新篇章！"

这段简报的开头将诸多要素汇集一处，显得简明朴实且引人注意。

其次要关注简报信息的中心部分，即对开头部分加以承接，并用具体数据和典型材料来对简报的内容加以阐述。这一部分是简报信息的关键，写作者应该采取有效方法来对层次和段落衔接加以安排，让不同段落都能做到和事实相符，材料之间相互统一。

例如，可以运用正常的时间顺序来安排文章层次，即按照事情的开始、发展过程和结果来写，这样显得脉络清楚；也可以按照逻辑顺序来对材料加以组织，即按照事物的不同侧面来写，这样容易从点到面进行展开。采用这种内容顺序，要求写作者对材料有足够的理解和思考，并能从纷繁复杂的材料表面现象理出头绪。

最后，简报信息是否需要结尾没有统一规定。对于较为简单的事情，作者可以选择不写结尾，显得干净利落；对于较为复杂内容较多的事情，可以写个结尾从而帮助读者加深印象。

### 7.3.3 简报信息的反映角度

从简报信息的反映角度来看，如何选择角度是占据写作主导地位的重要因素。因为总体上来看，信息的撰写者本身都有较高文化程度，对于素材掌握、结构组件等方面的问题也都有相应的解决能力。但如何选择角度，是仁者见仁，智者见智的问题。

××市开发区在2009年技术交易总量显著增长。一篇相关信息这样写道：

> 2009年，我市开发区技术开发与合作合同共达到230项，同比增长达到120%；成交金额4.5亿元，同比增长85%。技术开发在我市开发区开花结果、形势喜人……

虽然本篇信息素材很真实，文字也比较精练，但读起来总让人觉得缺乏深度。之后，富有经验的文字工作同志将稿件进行了修改，在文章开头部分加入了开发区管委会坚持科技创新的发展战略，认真领会上级相关文件精神，积极制定有效举措，搭建公平合理的技术交易平台，打造区域自主创新的重要标志等。经过这样修改，信息稿件的内容变得更加深刻到位。因为前者的反映角度比较狭小，只是为反映经济发展而写作，后者的反映角度则同自主创新紧密结合，格调随着角度转换而加深，有效增加了简报信息的价值量。

可以说，世界上的任何事物都具有不同的特点和属性，更不用说表象和内涵都相当复杂的社会现象。当写作者撰写简报信息的时候，不能只是采取定势思维去看待事物的某个属性，而是要挑选最能体现本质特点的角度来将之写入文中。具体而言，就是要找出独有的、更加优秀突出的和更加具体的角度来和读者分享信息。

### 7.3.4　简报信息的表现能力

写作简报和信息时的表现能力，与普通公文不完全相同。简报和信息的表现手段较多，有记叙、说明，还有议论。其中最容易出现问题的是在记叙方面，这是因为记叙在简报和信息方面的使用频率最高。其常见问题如下：

首先是记叙内容的不完整。在写作简报信息稿件时，必须将时间、地点、人物、事件、原因和结果等六要素完全纳入写作框架中，尤其影响重大或者情况突出的信息更应如此。一些稿件只是写了事件本身内容而没有写原因，或者没有写出意义，都会让读者感到不自然。

其次是记叙内容没有具备应有的生动性。例如，没有写出工作中问题的矛盾性，没有写出工作发展过程中的重要成功因素，没有对必要刻画的细节加以"放大"等，都会导致原本应该详细记叙的篇章被忽视，文章应有的亮点也就此荡然无存。

最后是记叙内容的表达不够准确。由于写作者对事物的观察和掌握不全面，导致在写作过程中记叙内容的不够准确。例如，在某篇信息报道中，有作者这样写道："×××科长作为××单位的主要业务人员……"每个局起码有四五个科长，各自都在自身的职责范围内工作才能让整个局的工作任务得以完成。这种写法显然会让其他科长变成"次要业务人员",显然,既不符合事实又失尊重。

更多情况,记叙内容的过于概括也会导致问题出现。例如,"为了贯彻××会议,我局工作实现了三个转变,群众满意度大大提升。"或许三个转变是××会议所提出的工作目标,但究竟是哪三个转变,只有写作者自己知道。所以,写作者应该在文中略加叙述,而并非如此概括。

简报和信息,对于科学决策有着至关重要的价值。每一个文字工作者要明确自身所肩负的重任,从上述四个角度入手,全力以赴地做好相关工作。

## 7.4 标题是眼睛

1948年9月,毛泽东偶然看到某位同志写的简报稿件,标题是《华北召开中等教育会议》。读完内容,他提笔写下新的题目《华北中等教育会议决定改善中等教育诸项制度》。修改后,毛泽东批注了这样几句话:"凡新闻,标题必须有内容。原题并无内容,不能引人注目。"

这说明,简报类公文的标题必须是文章的眼睛,从标题可以看出简报的内容。因此,简报标题不能像公文文件或者总结报告那样具有固定书写规则,也不能像文学作品那样自由发挥。简报标题应该能够做到画龙点睛,让文章中心内容凝聚其中。不仅如此,还要做到鲜明生动,有一定的艺术性,这样就能让阅读者对全文产生浓厚的兴趣。

### 7.4.1 用最少文字表达最大信息量

以下是某单位五条简报原稿的标题:

1. 坚持可持续性发展，经济效益显著提高
2. 人与自然和谐相处使××地区人民富起来了
3. ××市开发区加快招商引资工作
4. 市党校召开工作研讨会
5. ××市电商零售业发展

一位资深的文字秘书在阅读简报之后，进行了如下修改。

1. ××地区深化调整产业结构，经济效益显著提高
2. ××地区再现青山绿水，美好环境带来美好生活
3. ××市开发区招商引资增长额超过去年前年的综合
4. 市党校工作研讨会分析党校教育体系不足，提出改革设想
5. ××市电商零售业增长幅度达到68%

经过这样的修改，简报标题做到了用尽可能少的文字，尽可能多地介绍了文稿中所包含的信息。同时，避免了标题笼统化和简单化，做到了具体、生动、形象，并拥有了极大的吸引力。

可以说，简报标题的撰写，也是专门的写作艺术。其中既牵涉语言学、哲学，也考验写作者的逻辑学和美学功底，更取决于作者有怎样的政治理论水平和对问题观察分析的投入程度。

### 7.4.2 简报信息标题的类型

下面是通常可见的五种简报标题类型：

一是概括式标题。这种标题将简报要反映的基本内容进行浓缩，再用精练的文字概括而形成。

二是反问或者疑问式的标题，即抓住文章内容中读者最为关注的事

情，一针见血地替读者提出疑问。这样可以引人深思并揭示真相，同时能够利用悬念的形式解答疑难困惑。这种标题的好处，在于吸引读者积极阅读全文，并进一步引发读者思考。

三是采取比喻或拟人的形式设置标题。借助于具体贴切、形象生动的事物，将原本人们并不熟悉、并不了解的事物以他们所熟悉的方式来进行表达。这种表达的方式可以是比喻的，也可以是拟人的，但总体要让标题能打动读者且留有回味的空间。这类标题适用于那些需要进行主动宣传的体裁，或者是用概括式标题反而难以说清的题材。

四是采取号召式的标题，即利用标题语言来点明主题，从而将简报中要表达的中心内容或问题、上级领导的决策、意图、要求扼要地表达出来。

五是采取复式标题。这种标题又名"双标题"，通常分为两种：一种是由主标题和引题目组成，主标题是简报的实质性内容，引题位置在主标题之上，用来打造气氛、揭示背景；另一种是在主标题下面加上副标题，用副标题补充说明主标题的内容。

### 7.4.3 简报信息标题的问题

无论用哪种类型的简报标题，一定要避免以下问题的出现：

首先是标题和内容脱离。其中，"偏题"，意味着简报设置的标题和文章内容不符合，导致文不对题。"大题"，即标题所包含的内涵太大，无法精确到简报具体的内容上。无论标题设置偏了还是大了，都是撰写简报的常见问题，解决的方法在于准确概括题目并做到措辞准确。

其次是标题意思不清。一些简报的写作者将题目设置看作文字游戏，用一些似是而非的词语表达概念，结果使人们看了之后不明就里。

再次是标题过于冗长。如果忽视了对简报内容的提炼，草拟题目时容易过于追求"气势"而陷入浮夸陷阱。草拟标题不需要过于追求全、细、大，而是要把内容中精华的部分提炼出来并付诸文字，这样标题才能传神。

最后是标题过于抽象平淡。一些简报的标题语言过于枯燥，缺乏感染力，无法给人带来视觉上和感性上的冲击。写作者可以寻找简报中较为形象的内容来做标题，或者采取对仗、比拟、借代等方法强化标题的形象感与生动性，也可以采用口语、成语等作为标题的一部分。

## 7.5 看准对象写简报

简报信息类的公文，虽然表面形式看起来相似，所涉领域也相近，但其内容却有着具体的区别。这种区别体现在公文的对象上，尤其明显。具体而言，党委、政府、部门的信息有着很大不同，这种不同主要来自于其职能和服务对象的不同，党委的工作任务是驾驭全局、领导全局，政府具体负责经济文明和精神文明建设，部门则是在党委和政府领导下开展业务工作的。站在这样的认识角度上，写作者才能找准自身位置，把握好写作的原则、方向和方法。

### 7.5.1 因对象而产生的选材不同

在选材方面，党委的信息涉及政治、经济和社会的方方面面。所以，报送给党委的信息应该尽量从全局和宏观角度来抓住重大和焦点问题，而对于一些细节问题则不太适合以简报信息的形式报送。当然，在实际工作中，党委也会关注反映经济建设、精神文明建设的信息，包括采用哪些战略思路、重大举措等。这些信息，应该更多和党务工作相结合，而不能只单纯上报数字和工作职责，否则，就会和党务方面的信息指向不符合。

面向党委上报的信息，更加注重思想方向、原则、政策和指导性，包括党务工作中如何利用决策的传达来统一上下级之间的工作步调，如何将党内的工作思路体现到具体工作实践上，如何总结工作经验从而具体指导全面工作等。这是因为简报的信息主要是为了党委的领导而服务，更多带有指向性的价值。

在下面的简报中，写作者主要围绕党务工作进行重点报道，清楚地突出了党务工作，因此取得了主旨清晰明确的效果。

按照市委统一部署，2014年8月19日至9月19日，市委巡视五组对市××集团（控股）有限公司进行了巡视……在执行党的政治纪律方面，一是按照巡视组反馈的"党委履行党风廉政建设主体责任意识弱化"问题，集团党委常委会带头落实主体责任，加强对党风廉政建设和反腐败工作的专题研究和专项督查，及时解决党风廉政建设中的重大问题，强化"一岗双责"，健全反腐败领导体制；二是按照巡视组反馈的"纪委监督职能作用发挥不明显"问题，全面启动纪检监察工作体制改革，突出纪委主责主业，建立两级纪委案件线索沟通和重大案件线索通报制度，做到有纪必执、有案必查，发现问题、严肃查处。

向政府方面上报的信息，则应该面向更大范围。无论是战略性的问题，还是具体的问题，都可以是政府选材的对象。当然，面向政府部门的简报信息也需要涉及党务工作的内容，但其内容并非是针对党委信息部门报送的，而是从政府工作角度来反映具体开展的思想政治教育、公务员队伍建设等方面的情况。

面向政府的信息，需要有效突出其实用性，小到市场行情变化、群众心声，大到地区经济发展、方针政策效果，只要对政府具体工作能够有所帮助，都可以反映在信息中。

如在《为创新驱动发展集聚"第一资源"》中:

> 人才是发展的"第一资源",创新驱动发展的实质是人才驱动。去年,省委、省政府坚持党管人才原则,深入实施人才强省战略,不断完善人才政策,优化人才环境,统筹推进各类人才队伍建设,为推动创新驱动发展提供了强大智力支撑……

这段文字虽然强调了党管人才的原则,但叙述和分析的重点在于政府的管理和服务行为上,包括政策的完善、环境的优化、队伍的建设等,属于面向政府写作信息的成功典型。

### 7.5.2 向政府部门发布的简报信息更为细致

至于政府部门的简报和信息内容,涉及面更加细致,主要反映的是本单位、本系统或者本行业在执行过程中,怎样按照党委、政府和上级部门的要求开展工作的情况。对政府部门的简报和信息,更应该突出服务性,应该积极体现工作动态,包括工作经验、工作效果和工作问题,以及相应的建议和意见等,针对不同部门、不同系统的工作提供服务。

如《省文化厅与省旅游局签订文化与旅游融合发展合作意向》中:

> 日前,省文化厅与省旅游局签订《促进文化与旅游融合发展合作意向书》,双方将加强沟通与合作,深入推进文化与旅游融合发展,加快文化强省与旅游强省建设。具体内容涉及12个方面……

这篇政务信息中的内容完全就是政府部门具体的工作动态,属于落实之后的工作措施,并不需要提及其指导思想、政策方向。这是因为其阅读对象的需求显然和前两种信息的读者有所不同,因此,也就需要利用不同的思路和角度加以写作。

针对不同对象进行不同的写作，这样的思路只是大致的方向，并非完全绝对。在实际操作中，许多具体的信息素材，既可以看作属于党委的，也可以看作属于政府的，又可以看作属于业务部门的，这就需要写作者结合自身的职能需求，在选材之后的使用过程中有所侧重。需要注意的是，在简报信息的写作和报送过程中，有必要注重党委、政府和部门三方面的协调一致。这是因为三者选材的范围虽然不同，但其工作职能是一致的，都是为了服务于地区发展和群众利益。因此，必须相互配合，形成合力。

某地区党委、政府提出了要紧密结合群众的工作指导思想，那么业务部门都要围绕这样的主题内容来报送简报信息，党委、政府的会议决定部署在整个地区范围开展交通违法现象整治活动，那么相关业务部门的信息也要集中在这个主题上。

只有这样，信息才能形成充分的声势，顺利推动工作的开展。这时候，需要注意的对象从党委、政府和部门转移为具体的工作或活动。

### 7.5.3 简报信息写作在于日常的准备工作

要做好看准对象来报送信息，除了认识到上述既矛盾又统一的关系，还应该在日常工作中注意以下三点：

一是要积极和其他单位部门通报选题的要点。在一定阶段内，负责简报和信息撰写的同志，应该积极将所在单位工作重点通报给其他上下级部门，尤其是党政信息部门和上级信息部门。这样才能确保收到的简报和信息有集中的主题感。

二是要互通有无。不同的信息部门主管同志应该积极开展信息交流，利用电话、传真和互联网积极地进行素材、稿件的交流，从而互通有无、互相启发。

三是要紧密协作。简报信息类的文秘人员应该抓住机会，和上级、平级、下级的同事拉近情感、相互熟悉。这并非意味着"走后门""拉关系"，而是在正常的工作关系基础上建立私人情感。这样就便于相互间定期进行协调、对重大问题共同开展信息报送工作。只有这样，信息写作就不再是写作者一个人在孤军奋战，而是获得了集体的力量。反观现实中，一些信息人员闭门造车而不愿意和其他信息人员紧密合作，结果不仅眼界窄、思路狭，而且可能导致稿件之间的内容相互矛盾冲突，必须要对此加以纠正。

## 7.6 让采用率越来越高

机关中，负责写简报的同志大都负责办公室工作，需要对下级单位报送的简报进行筛选、编辑，并从中挑选出汇报给上级的简报。这样，新的任务就放在他们面前，不仅要能确保自己的稿件被宣传部门、信息部门采用，被领导看重，还应该努力提高本机关的简报和信息采用率。在许多地区，信息采用率也被设置为年终考核的项目，代表着一个部门的工作业绩，也体现个人的工作能力。

### 7.6.1 组稿工作三大环节

如何让稿件采用率越来越高？秘诀无他，在于努力做好简报的组稿、选稿工作。

做好组稿工作，起码要从以下三个环节做起：

一是明确组稿目的。组稿不是盲目的，也并不轻松。组稿工作并非打几个电话,或者在网络上告诉基层人员应该写什么就可以完成的。组稿前,必须要根据发稿目的、实际工作情况,从既定的范围内有针对性地选择组稿对象,不能随意加以挑选。

通常情况下,下列对象是组稿人员的重点:各基层单位办公室主任,专业部门负责文秘工作的人员,政策试点地区或单位的文秘人员,工作业绩先进单位的文秘人员,其他实际工作组稿目的相同或者相近的部门人员。

二是要懂得组稿的艺术。组稿并非简单的工作,而需要注意其中的艺术。在实际工作中,一些单位的简报编辑同志不说清楚具体的组稿要求,如约稿动机、发稿目的、写稿要求等,也并不和对方一一交代。这导致组稿质量难以保证。

要提高简报发稿率,负责编辑的人员必须克服惰性思想,应该做到将约稿目的介绍清楚、把综合情况介绍清楚、将稿件质量交代清楚。同时,还应该帮助组稿作者站到领导高度去看待全局,确保简报的针对性;帮助写作者分析其搜集到的材料,能够正确地抓住问题实质,深入分析其具有特点的经验教训;应该帮助作者选择写作角度并安排文稿的结构,处理好其中内容的使用;帮助作者充分树立写作信心,能够做到在困难面前保持平常心,可以不厌其烦地进行修改,直到将文稿写好。

三是要学会建立起自己的组稿网络。由于政府政务信息化、公开化、透明化的大趋势,因此,政务信息和简报的需求量越来越大,需求频率也越来越快。要随时随地做好简报组稿工作,就不能头疼医头脚疼医脚,要有稳定长期的打算。

编辑人员要做好平时工作,注意在不同部门、不同基层单位中挑选骨干写作人员,形成稳定的通信队伍。在组建队伍的过程中,不仅要抓人员构成,还应该抓好通信联系工作。例如,利用工作会议的机会召开通信员会议,通报宣传计划,进行写作培训,落实工作任务,从而提高他们的写作意识和能力。还应该经常帮助通信人员解决实际问题，排除写作压力，从而激发他们的写作热情和积极性。

在完成组稿任务之后，简报编辑的工作只是刚刚开始，拿到手的稿子不能直接交上去，必须进行充分的后期加工。这样的加工对于编辑人员来说，也是复杂的再创造过程。

### 7.6.2 修改工作三大步骤

简报的编辑修改，重点在以下三个步骤：

一是对简报进行全局修改。拿到简报之后，首先看内容是否铺得过宽过大，如果有这样的问题，就应该大刀阔斧加以删减，让主题突出；其次看内容和标题是否完全一致，有无相互矛盾的问题，必要时应该进行调整；最后看文章的逻辑脉络是否清楚，结构是否合理，是否能够符合读者的认识特点。

二是对简报进行局部修改。包括对具体观点中欠妥的地方进行改正，特别是有可能引起他人误解的内容、看法和意见，是否可能因为片面的理解而引起反作用等。又如，对观点不支持、有可能影响主题的材料都要删除，明显不足的地方则要加以补充。另外，如文稿中的数字、人名、单位名称、地名、事件等都要经过校对，从而确保无误。

三是对简报的文字进行修饰，力求做到准确、精练和生动形象。准确，就是保证文稿中的语法逻辑没有错误，不会存在错字或者不当词语；精练，是要让文章干净利落而不会重复啰嗦；生动，则需要让内容在前两者的基础上更能说明问题并打动读者。

修改时编辑还应该有自己的原则。修改简报应该做到态度谨慎，能够在通读全文的基础上再开始修改。现实工作中，有的人并没有看完下级报送来的稿件，就开始动手删改，结果前面修改的部分和后面的内容相互冲突，导致稿子水平反而不如修改前。因此，在看稿子时，编辑除对错别字和标点符号的修改，应该在阅读完全文后再动手修改。

即使编辑有丰富的写作经验，也不能凭借个人记忆和印象随便对内容拔高。如果需要增加内容，就应该积极调查研究，核准事实后才能在真实的基础上修改成功。进行文字修改的时候，应该尊重作者的劳动，揣摩和体会他们写作的文字风格，然后模仿其风格加以修改。当然，进行修改的时候，最好征得作者同意，还可以请他们进行共同修改。

## 7.7 会报喜更要会报忧

报喜不报忧，是目前简报和信息写作中的难点问题。客观地说，产生这种问题的根源，不完全在于写作的同志，而是因为部分地区或部门的领导，对简报信息的意义和价值没有正确认识，只是将之看作对单位政绩加以宣传的渠道。这样，写作者也就容易出现对问题类信息进行回避的情况。

究其原因，主要有两点：首先是写作者认识的偏差。一些写作者认为，上报问题类是对单位的抹黑，是对成绩的否定。实际上，在工作过程中，出现问题在所难免，上报问题类信息，并不是自揭家丑，而是将有代表性、倾向性的问题或者只是依靠本地区、本部门力量难以解决的问题集中起来，向上级进行反映。只有领导及时了解到这些问题，才有可能重视，使问题能够得到及时解决或处理。其次是责任心问题。由于写作者的工作态度问题，或者缺少对实际情况进行深入了解，因此很容易陷入找不到问题的局面。

反之，如果从事信息工作的同志能够打消顾虑，树立正确观念，积极转变工作方式，就能通过应有的"报忧"文章推动上级工作。

### 7.7.1 报忧和报喜同样重要

《人民日报》曾报道过，中国社会科学院法学研究所对政府公开的政务信息进行研究，在研究报告中该机构指出，部分政府和部门的信息公开明显做得不到位，其中最大的问题是信息停留在"表扬与自我表扬"上。

显然，不少机关单位从领导到执笔人，都将政务信息的功能理解为宣传，以稿件是否被采用作为成绩进行考核。虽然这或许是写作者个人难以改变的，但他们必须看到，政务信息的写作和报送，其意义并非只局限于将成绩发扬光大上。

事实上，在此次政务信息的研究中，某些部门和地方政府能够主动"报忧"的做法，也得到了研究者的称赞。例如，国家林业局提出自己"信息发布时效性差"，审计署表示"信息可读性和通俗化有待加强"，福建省政府反思"牵头责任单位落实不够到位"，辽宁省政府认为自己"回应社会关切工作还需加强"……这些和政务信息写作者在观察问题、采集资料和写作修改时发挥的作用息息相关。

可以说，简报信息的写作如果永远是"局面一派大好"的内容，完全不符合群众路线实践活动中"照镜子、正衣冠、洗洗澡、治治病"要求的做法，更容易导致群众和干部反感，认为简报信息的功能就在于"造假"，在于"愚弄"。相反，要让政府机关的成绩被认可，就应该敢于亮出问题，真诚地从写作简报信息开始对经验和教训加以反思，并进一步影响领导决策，及时纠正整改。

当然，"报忧"信息的质量如何提高，除了关联到写作者的工作态度和思想认识水平，也与工作和写作的艺术水平有关。因此，"报忧"必须注意方法，切实保证信息质量。在实际工作中，应该尤其注意以下事项：

## 7.7.2　报忧信息的写作注意事项

一是情况应该了解清楚。在报忧信息工作中，最忌情况和事实不符。事实证明，曾经由于写作者思路不够严谨、调查不够深入细致、工作方法不够全面，在没有了解事实的情况下就编写简报信息，导致情况不实。因此，在处理该类信息时，应该坚决做到不漏不误，能够真实和全面反映情况。只有将问题前因后果全部调查清楚之后，才能写成文章，准确反映信息。

二是要对问题进行定性定量地精准分析。不少问题如果不经过从定量到定性的分析过程，就无法得出正确结论。通过定量分析能够避免文字上的夸张，定性分析则能够做到论述有理有据，可以充分体现问题本质。因此，在写作反映问题类的信息时，不能只是简单的就事论事，要综合分析问题，并及时追踪多方面情况，抓住其中的数据和特点，从而综合分析出其中的普遍性问题。

三是巧妙选择角度，注意写作的方法。在多年的实际工作经验总结和积累上，编写问题类简报已经形成了一套行之有效的写作方法体系。例如，要把握好报送范围，不能随意扩散；报送本级别的机关单位工作范围内的问题，要注意反映同级领导的态度；报送上级机关在政策、工作方面问题的信息，则要注意事实准确，并注意反映其解决问题的措施与办法等。

总体而言，要将问题类信息写好，就应该将单纯反映问题变成主动反映问题，即将单纯提出问题变成对事物进行充分分析之后提出的解决方案。这样，问题类简报才能被领导接受，并体现出其与众不同的价值。

## 7.8 在大环境中找契合

简报类公务文章,离不开和大环境的契合。一篇小小的文章,虽然篇幅短小,折射的却是社会环境中政治、经济和文化的发展情况。如果不能让简报具备这样的特点,文字表面功夫看起来再出色,也很难体现思想内涵,更难以获得出色的评价。

让简报和信息能折射大环境,需要利用好文章中的导语。导语是一篇简报的开端部分,在文章的开头处,向上级负责信息工作的人员点明信息写作背景、写作意义和重要性,然后概述本单位的实际措施和做法,最后讲出做法的目的和效果。写明这些要素,才能让上级看到简报是如何具体表现现实情况的。

### 7.8.1 简报信息应折射大环境

下面的例子中,作者很好地将理论精神与现实相结合,把整个环境情况写入了简报。

> 近年来,我市按照党的十七大要求,确保权力正确行使,让权力在阳光下运行,以科学发展观作为指引,树立阳光理政和制度唯上的管理理念,用制度管好权力、财务和人事,将权力运行的关键点和风险点变成阳光点和廉政点,从而提高政府的透明度和公信力,在打造阳光政府方面获得了明显成效。

这篇简报的导语在一开始引用中央文件精神,其后概括了本单位的做法,展现了工作的目的并写出了成效。当然,具体的做法和效果,在导语中不需要详细写,留到正文中分详略加以表达。

同时,要让简报更加契合大环境,还可以从下面几种途径寻找素材。

## 7.8.2 文件改编法体现大环境

相关部门尤其是党委、政府推出的文件政策精神，是简报信息的重要素材。将文件改编成为简报信息相对简单，而且并不需要另外寻找素材。这样的简报符合文件精神，能抓住环境变化中的重点并及时反映。

在改编过程中，要对文件本身的内容进行大胆取舍。重要的文件内容较长，在写入简报时就应该大刀阔斧地进行舍弃，将对上级精神重复的内容去除，较普通常见的做法和措施也要去除，保留精华和重要的具有特色的部分。

除此之外，文件本身的结构是比较固定的，如"意见"类文件，包括目的、意义、工作原则、工作措施、保障措施、工作计划等。这样的结构不适用于直接移植到简报类文章中。写作者需要针对题材本身特点和内容需要，打造符合信息的新的结构框架，然后把挑选出的文件材料加以编写。

《××市委、××市人民政府关于加快社会工作发展的意见》文件中，共有九大点内容，包括加快社会工作发展的重大意义、指导思想、总体目标、阶段任务、基本原则，其后是具体内容，包括大力推进社会工作专业化和职业化、科学设置社会工作专业技术岗位、在公共财政支持下不断完善经费保障体制、充分引导并发挥公益性社会组织在社会工作中的重要作用、积极调动广大社工和志愿者的协助积极性、积极稳妥地做好试点工作和营造加快社会工作发展的良好环境。

改编成为简报之后，题目为《××市探索建立社工制度加强社会管理》，其中有下列内容：一是科学建构社会工作岗位体系；二是积极培养高素质社会工作人才队伍；三是建立多元化经费保障体制；四是发展公益性社会组织；五是积极调动社会工作志愿者的积极性。

从本案例可以看出，文件和简报的内容有所区别。文件内容更系统、全面，除了有核心工作，还有核心工作本身的意义、思想准备，也有为了实现核心工作成功而采取的其他措施。例如，试点工作的开展、分阶段进行的工作安排和工作环境的准备等，但在写入简报信息时，只需要保留最核心的工作内容。

### 7.8.3 追求不同点体现大环境

不少有编撰简报信息经验的同志都或多或少遭遇过尴尬局面，原本辛辛苦苦编写出来的内部刊物、简报信息，自以为写得很成功，却没想到根本没有多少人阅读，很多领导拿到简报只是往桌上的文件盒随手一扔，不再过问。

究竟为什么简报信息如此不招人待见？原因在于内容的同质化，带来了其和环境的疏离感。当简报信息写得越来越雷同，越来越被同一种类型束缚起来时，实际上和真正的工作环境、工作内容都相去太远，更不用说与政治、经济和社会这样的大环境是否脱节了。这种脱节的简报信息，犹如早已过气的新闻时事，难以吸引读者并不奇怪。

一般而言，容易产生这种情况的简报信息包括下面几种：

首先是工作思路类型的简报信息。例如，××县加大思想政治工作力度、××市区规划年度经济发展目标、××镇社会综合治理突出三个重点等。的确，简报信息可以将反映工作思路作为内容的重点，其中较好的工作思路、工作规划的确能够给领导以启发、给平级以参考。但如果这类文章太多，就会显得越来越接近，其中有的工作思路原本缺乏特色，还有的工作思路眼高于顶、脱离现实……因此，对于这些问题，不仅在写作过程中应该加以避免，在编撰过程中也应该加以筛选。

其次是政绩类型的简报信息。信息应该反映不同地区和不同部门的工作成绩，对于成绩，要做好选择准备，不能不分轻重、不加以辨别直接写入信息。另外，还要对信息简报中的政绩把握好尺度，避免将信息简报变成"功劳簿"。一旦有了这样的迹象，很容易带来连锁反应，导致简报信息越来越难以承担其应有的责任，变成人人都想涉足的"宣传阵地"。

最后是领导活动信息。这方面，大家熟知的《新闻联播》就是最好的例子。

由于承担着宣传党的路线、方针、政策和报道国家领导人公务活动的重任，因此，一直以来，国家领导人公务活动的报道在《新闻联播》中占据相当比重，而在党中央出台改进工作作风的"八项规定"之后，在国家领导人的带头倡导和率先垂范下，《新闻联播》进行了改版，如2012年12月13日报道，中共中央总书记习近平会见美国前总统卡特，时间只有25秒钟，文字97个。其他新闻则越来越接"地气"，突出群众关心的焦点问题。

《新闻联播》的例子说明，领导的讲话和活动很重要，但政务信息是为党和政府的工作全局服务的，必须挑选重要而有意义的内容，不能只考虑同一个地区、同一个机关内部的平衡，更不能把所有领导的所有工作言行都"装"到简报信息这个"筐"里面。

综上所述，只有将简报信息的内容写到实处，随具体环境和条件进行变化，才能让简报信息具有更多的指导意义，发挥出更大作用。

# 第8章

# 日常写作展现能力

在公务员日常写作中,除前文提到的四种公文文种,还会涉及其他类型的文种。

了解这些使用频率稍低的文种,无疑是对写作者的公文写作"锦上添花"。让写作者能信心十足地应对一切。

## 8.1 指挥类公文

指挥类公文，包括命令、决定等种类。

### 8.1.1 命令的写作

命令，又称令，是国家行政机关及领导人发布的强制性、领导性和指挥性的公文。命令通常根据有关法律规定、行政法规和规章发布，用于采取重大强制性的行政措施、任免和奖惩有关人员或对下级机关不适当决定予以撤销等。依照国家《宪法》法律规定，县级以上地方各级人民政府可以依据法律规定发布决定和命令，乡镇一级人民政府可以执行本级人民代表大会的决定和上级国家行政机关的决定及命令来发布决定和命令。

命令的格式通常由标题、发文字号或令号、正文和落款组成。其中，标题包括三种组成形式，分别是"发文机关+事由+文种"、"发文机关+文种"和"事由+文种"。

正文中包括命令原因、命令事项和命令要求。命令原因包括发布命令的具体原因、目的和根据、意义，要求简略而紧凑；命令事项应该以准确和肯定的语言列举出决断或强制性的规定和措施；在正文结尾部分，需要对命令事项加以补充说明，或者是对受命者提出的希望和要求。

落款还包括发文机关和发布时间。另外，如果以机关负责人的名义发布命令，还要在其名字面前加上职务名称。

下面是命令的范文：

**中华人民共和国中央军事委员会命令**

〔1990〕军字第23号

《中国人民解放军纪律条令》已于1990年5月26日经××常务会议通

过。现予公布施行。

主席××

1990年6月9日

附件：《中国人民解放军纪律条令》

命令通常分为发布令、行政令、奖惩令和任免令。其中，普通公务人员接触较多的包括嘉奖令和任免令。嘉奖令正文由三部分组成：概括叙述事件的经过、简要加以分析议论；拟定嘉奖决定；提出号召、希望或加以勉励。任免令的写法并不复杂，包括任免依据、任免时间、任免人姓名、任免人职务。

从内容、种类和特点来看，决定和命令有相似之处，但两者的区别也十分明显。命令的内容无一例外都是重要问题和决策、重大任务或嘉奖。同样是指挥类公文，决定的内容则是比较重要的事项、行动和部属。党务使用的公文并没有命令的文种，决定则从党委到行政机关再到地方基层部门都可以使用。

## 8.1.2 决定的写作

决定，是要求下级单位能够贯彻执行某项工作的下行文，其强制性和权威性的色彩并没有命令那么强烈，主要是应用于对下级机关进行工作布置、提出工作原则和要求等具体内容。虽然决定并没有命令那样的"力量"，但也具备自身的特点。

首先是具有较强的政策性。决定是上级机关根据法律法规对下级机关布置工作所使用的公文，内容带有很强的政策色彩，是下层在具体执行工作时必须遵守的，也是做好不同工作的基本依据，更不用说某些决定本身就是政策的记载形式。

其次，决定还具有一定的原则性和灵活性。这是因为决定并没有像命令那样加以强制性的规定，允许下级在服从公文原则的基础上，根据自身的实际工作情况和环境，采取因地制宜的态度加以执行。这也是为了给下级机关留有一定的回旋余地，尤其在工作的方式方法上，能够具备一定的灵活性。

再次，决定不仅要阐明工作活动应有的原则，不只向下级机关布置某项工作，更要着重对下级说明工作方法、工作原则、基本要求、方法步骤和注意事项等，从而保证下属在进行工作前能够得到积极充分的指导。

最后，决定的语言应该与命令有所区别。其语言既要明确和坚定，从而保证原则性，又要确保缓和与灵活性，不应像命令那样斩钉截铁。具体来说，决定应该在说清楚任务和要求的同时，还应该说理，保持语气的舒缓平和。

决定的格式通常如下：

××××关于××××的决定

开头，（决定的原因和目的如：）目前……，（事实依据）。根据……，（理论依据），为了……（目的主旨），现决定……（意图主旨）。具体……如下：

主体，（决定的内容：对具体事项做出安排的决定要写清安排的步骤。）

（希望与要求。）

单位名称、加盖公章，注明日期

在决定的开头，写作者应该利用简洁短小的文字，说明决定写作的缘由、背景、依据和目的，这些文字可以对成绩加以肯定、对形势加以分析，也可以指出工作中的困难、强调解决困难的必要性和迫切性，或者分析新出现的问题、面临的新任务等。其中，写作者应该在决定中重点向下级指出他们应该做什么、不应该做什么，凡是列出的原则，就应该要求下级部门加以明确无误地执行。

在实际写作过程中，写作者还应该从实际出发，让文字长短结合，某些决定的文字可以长达几千上万字，也可以只有几百字。在结构上可以没有开头和结尾，只有主体部分的内容，甚至全文都由一段文字组成。

## 8.2 指示类公文

指示类公文，包括批复和意见两种。

### 8.2.1 批复的写作

批复由上级行政机关作出，用于对下级行政机关呈报的请示给予正式答复。从批复内容上可以分为审批性批复、决定性批复和指示性批复。其中，审批性批复是上级对下级在请示中提出的问题进行审核，然后作出的批示性答复；决定性批复，则是上级对下级所请示的内容加以认真分析研究，作出决策性答复；指示性批复，则不仅是对下级机关的答复，还是对自身所管辖系统进行的指示。

下面是批复的范文：

××市××区人民政府
×政批[1998]第3号

**关于组建××集团的请示的批复**

××实业总公司：

你公司××[1998]1号文收悉，经区政府研究，同意你公司组建××集团，特此批复。

××市××区人民政府
一九九八年六月二十九日

由于批复能够积极体现上级机关的意图，而请示一旦获得批复，意味着进行请示的单位必须严格遵守。同时，批复需要一事一批，不能将事情叠加混合在一起。

## 8.2.2 意见的写作

与批复类似，意见由上级或主管部门提出，针对即将开展的工作或需要解决的问题，上级提出原则性要求、具体处理办法，并直接发给下级机关或者转发到相关部门遵照执行。

意见可以分为下面这些种类：

直发性的意见，即直接下发的意见。公文中通常由上级对下级的工作提出要求和规定。

请批性意见，即由发文单位将工作或方案提出指导性意见，然后呈报给负责执行部门和发文单位的共同上级机关，再由上级机关加以批转。

指导性意见，即由上级机关或者有关部门对某项工作加以阐述或说明，包括基本思想、原则和工作要求，并对工作内容给出原则性的指导意见。

建议性意见，即指下级机关围绕重大问题给出建议，并要求上级机关对其加以批转的上行公文。

规划性意见，是指上级机关或者业务主管部门对某项工作的部署、要求、安排和具体措施加以安排，形成工作计划特点的意见。

意见的格式通常如下：

关于××××××××的意见

××××××：

为了××××××××，按照××××××××，让×××××××，现提出如下意见：

1.

2.

3.

×××　×××　×××<br/>二〇〇×年×月×日

在意见公文的开头部分，主要写出意见发布的背景、根据和目的、意义等，限于篇幅，不能面面俱到。在开头部分的结束段落，应该提出"现给出以下意见""特制订实施意见如下"。

在主体部分，写作者应该吃透领导的决策精神，将对重要问题的见解或办法加以整理并一一写明。如果内容较为繁多，则可以列出小标题作为区分层次的标志，在小标题下再各自进行叙述。需要强调的是，意见在指示性公文中是最具体的，其目的在于直接反映上级或主管部门对问题是怎样认识的，主张做什么或者反对做什么，这些都应该清楚明白地体现在文字上，不能有丝毫模棱两可的观点。

如果是影响较大的意见，应该在文章最后段落提出号召和希望作为结尾，局部性的意见则不需要专门设立结尾，只需要自然结束正文即可。

## 8.3 报请类公文

报请类公文，主要包括报告和请示两种。

### 8.3.1 报告的写作

报告，主要适用于行政机关和党的机关中由基层向上级机关汇报工作、反映情况、提出建议或回答上级询问。报告是上行文的一种，其目的是为了通过汇报让上级机关能够了解情况。由于汇报制度是基本的工作制度，因此，报告的适用范围较大，接触的频率也较高。同时，报告的发文时间可以较为随机，既可在事先，也可以将时间设定为定期发出，但报告必须要及时发出，不能拖延或迟缓，确保上级能够尽早了解和掌握新情况。

来看具体的报告案例：

关于开展强化免疫活动消灭脊髓灰质炎的报告

国务院：

脊髓灰质炎（俗称小儿麻痹）是一种不能有效治疗却可用疫苗彻底预防的急性传染病。为实现《二十世纪九十年代中国儿童发展规划纲要》规定的一九九五年消灭脊髓灰质炎的目标，国家决定开展强化免疫活动。现将有关情况报告如下：

一、自我国开展计划免疫工作以来，脊髓灰质炎疫苗接种率提高，发病率显著下降，取得了可喜的成绩。

二、在冬季，脊髓灰质炎病毒传播能力最弱。为此，决定从现在起至一九九五年一月期间，每年的十二月五日和一月五日，对全国四岁以下儿童各加服一次疫苗。

以上意见如无不妥，请批转各地区、各部门执行。

卫生部

一九九三年十月二日

这篇报告介绍情况简明扼要，并提出具体的建议。这样既便于上级掌握工作动向，又具有简单易行的可操作性。

报告的种类分为工作报告、情况报告和答复报告等。

工作报告，即向上级机关汇报工作，又称为综合报告。这种报告的内容通常较为全面，是一段时间内总体的工作情况。

情况报告，称为专题报告，即对已经发生的某种正面或负面的情况进行专门分析的报告。在突然发生重大情况之后，也应立即将之上报，称为突发事件报告。

答复报告，是针对上级机关的询问而汇报有关情况的公文。

会议报告，是在会议上陈述工作情况，提出意见和建议而使用的公文。

呈送报告，即向上级机关报送文件，并在前面附加的公文。

述职报告，即领导干部依据自身职务要求，就一定时期内的工作目标，向选举或任命机构、上级机关、主管部门或本部门的干部、基层群众汇报自身的岗位责任情况的公文。

### 8.3.2 请示的写作

请示，是下级机关向上级机关或者业务主管部门就某项工作中的专门问题加以请示，从而明确某项政策的界限，或对某事项加以审核批准。

请示一般由标题、主送机关、正文、发文机关、日期五部分组成。请示的正文，主要由请示的原因、内容、要求三部分组成，请示时应将理由陈述充分，提出的解决方案应具体，切实可行。

与报告相似，请示也有反映情况、提出建议的作用，但请示有如下特点：

一是请求性。从具体行文目的来看，请示更加迫切，有需要上级机关批示和批准的事项，需要上级加以批复；报告只着眼于对工作加以汇报、对情况进行反映，从而达到传达下情的目的，一般不要求批复。

二是提前性。请求只能在工作前加以行文，不允许事后请示；相反，报告则在事前、工作中或者工作后都能够行文。

三是定向性。请示通常只能对上级领导机关、业务主管部门发出，对于非直属的单位上级，通常不使用请示文种。

工作中的请示案例如下：

关于中国公民自费出国旅游管理暂行办法的请示

国务院：

随着对外改革开放的不断扩大，人民生活水平不断提高，近年来，中国公民自费出国旅游不断增加，为适应改革开放形势，加强中国公民自费出国旅游的管理，特制定了《中国公民自费出国旅游管暂行办法》。

附：中国公民自费出国旅游管理暂行办法

以上暂行办法如无不妥，请批转发布执行。

国家旅游局（盖章）
公安部（盖章）
一九九七年二月二十八日

请示从内容和性质上来看，也可以分为下面几种：

求准性请示，即下级在工作中面对具体问题时，请求上级批准其具体的要求所使用的公文。

请求指示的请示，即请示单位对管辖区域内出现的包括机构设置、人员定编、人事安排、资产管理等问题，向上级机关请示办理的上行文。

请求解决问题的请示，即下级单位在工作中遇到无法解决的问题时，向上级请求提供具体帮助的上行文。

批转性请示，即本单位打算给予下属机关或其他同级机关的指示，事先请示上级给予批准并转发的上行文。

在请示的写作中，需要注意：请示的主送机关只能有一个，不能有多头行文的情况，更不能送机关领导个人，同样不允许越级请示报告。

一般来说，报请类公文的正文主体部分，有以下几种写作思路：

一是缘由引出事项型，即在公文主题部分，首先将背景、事实和缘由加以交代，然后写出具体的报请事项。这样的写法在请示中比较常见。

二是依据引出事项型，即开头先写出发文的依据，然后详细列举出请示的事项。一般情况下，这种写法主要使用在法定或者特定事项需要的请示中。

三是目的引出事项型，即首先介绍报请事项的意义、价值和目的，然后写出报请的具体事项，在报告中这样的写法显得较为常见、干净利落。

四是对事实进行陈述型，即下级就某一个或者某几个事实和问题的情况、过程、做法、经验体会向上级机关加以陈述，以便汇报工作，从而求得上级的认可与肯定。这种方法主要运用在报告公文中。

在语言方面，报请类公文应该注意用语的谦和，应该尊重对方，以诚恳和友好的态度出示给对方，从而获得上级或者业务管理机关的理解和支持。

## 8.4 知照类公文

知照类公文,目的在于向社会公众进行事项发布,主要用于告知情况、沟通信息和通知相关事项等,并在其中表明机关单位的立场与态度,从而作为相关工作的凭证。主要文种有公告、通告、通知和会议纪要等。

### 8.4.1 知照类公文特点

知照类公文主要包括以下特点:

一是告知性。知照类公文主要用于向工作相关范围内的机关单位和人员进行情况通告、信息沟通和宣布事项。因此,在这一类公文中,发文机关的立场、态度和观点,需要完全体现在文字中,从而让相关机关单位知悉有关信息,并能够在具体工作中进行相应部署。

二是凭据性。知照类公文向收文者传达出发文机关所具有的立场、态度和观点,大多数知照类公文都用规范和约定对收文者加以要求。这些内容是收文者必须要加以遵守的,否则,相关执行单位可以用知照类公文做出约束或处罚。

三是公众性。知照类公文和其他公文不同,一般情况下没有明确的收文者,是通过广而告之的形式,将内容向特定的社会公众发布。这些社会公众可以是全国范围内的,也可以是一个地区、部门或者某个行业的。

知照类公文涉及的文种比较多,包括通知、通报、公告、通告和会议纪要等。其中,公告、通告、通知运用较为普遍,也需要突出其不同。

首先是制发机关的不同。公告的制发者,一般是国务院、全国人大委员会等最高机关,通告则包括基层单位等。从发文机关级别来说,公告一般高于通告。

其次是公布形式的不同。公告必须通过新闻媒介如报纸、广播和电视等向国内外加以宣布，通告则也可以采用张贴的形式加以传播。

再次是性质作用的不同。公告的重要性大于通告，前者适用于向国内外对重大事项或法定事项的宣布，后者则适用于向社会各方面公布应当遵守告知的事项。另外，公告内容具有重要的新闻价值，通告则具有知照和规范作用。

另外，写法在两者之间也存在不同。公告基本上都是开门见山的，没有开头部分和结尾部分，不加以说明和议论，直接宣布重要事项，内容较为单一，篇幅也十分短小。通告的篇幅则相对较长，开头部分应该写出依据和缘由，再具体对通告事项加以说明，最后还应该提出实际要求和希望。

### 8.4.2 通知和通告的不同点

就通知和通告的区别来看，区别两者的不同十分重要。下面是通知和通告的不同实例：

**天津市人民政府批转市公安局**
**关于进一步加强消防宣传工作实施意见的通知**

津政发〔2007〕107号

各区、县人民政府，各委、局，各直属单位：

市人民政府领导同志同意市公安局《关于进一步加强消防宣传工作实施意见》，现转发你局，望遵照执行。

天津市人民政府

二〇〇七年十二月二十八日

### 唐山市人民政府关于增加"黄标车"禁行道路的通告

唐政通字〔2015〕4号

为加强大气污染综合治理，减少汽车尾气排放，进一步改善空气质量，改善我市人居环境，根据《中华人民共和国道路交通安全法》《河北省实施〈中华人民共和国道路交通安全法〉办法》《河北省大气污染防治行动计划实施方案》《唐山市2013—2017年大气污染防治攻坚行动实施方案》等相关规定，经市政府研究，决定在执行《唐山市人民政府关于市中心区部分道路禁止"黄标车"通行的通告》（唐政通字〔2014〕1号）基础上，增加禁止"黄标车"通行道路。现将有关事项通告如下：

一、增加禁行"黄标车"道路为：大庆东道、大庆西道（原环城北路），开越路（原环城东路），南湖大道（唐安南路至王盼庄立交桥，原环城南路），唐安北路、唐安南路（原环城西路）。

二、本通告自2015年4月1日开始施行，有效期4年。

唐山市人民政府<br/>2015年3月11日

仔细对比上面的例子可以发现，通知和通告有以下不同：

一是适用范围有所不同。通知主要适用于向下级机关批转，包括传达需要其执行的事项或转发上级机关的公文，通告主要适用于向社会各方公布应当周知遵守的事项。相对而言，通知的使用范围更加广泛，实践的使用可能性更高。

二是收文对象不同。通知面向特定的收文单位或人员发出，通告则面向全社会发出，不确定具体的接收单位或人员。

三是性质内容不同。通知中的办理性通知、执行性通知很容易与通告区分，因为通告不具备类似内容。周知性通知最容易和通告混淆，这是因为两者都具有周知的特性。需要注意到，前者的周知特性是传达性的，后者则是公布性的周知。前者具有明显的上下级关系，后者则没有这样的隶属关系。

### 8.4.3 知照类公文的主体类型

知照类公文的情况比较复杂，而且文种较多。知照类公文的主体类型通常有下面几种：

依据事项型，即先将发文所依据的法律、法规、规章或批转单位的文件政策加以列举，再写出具体的知照性事项，在其后则有详细的通告事项。这样的写法有着充分依据，具有一定约束力与法规性。

单一事项型。这类知照类公文，将知照性事项开门见山写出，并不需要开头话语，显得干脆利落。通常情况下，这是知照类公文惯用的主体写作思路。例如，任免通知的写作，就是直接叙述任命事务，显得简单而准确。

目的事项型。这类知照类公文通过发布知照类公文目的、意义和原因，再将具体知照事项写出。这样就显得目的明确而具体，便于执行。

事实事项型，即在文章开头介绍发文时段的具体情况，然后提出具体知照事项。

在写知照类公文主体内容时，开头应该较为简短，正文内容则要明确具体，知照的内容通常分为几个层次，并根据其内部逻辑加以有条理地表达。其中如果有需要收文单位采取具体措施的部分，应该加以切实指出，确保收文者能够遵照执行。对于有关事项加以规定和限制的，应该有充分依据、理由，从而便于收文单位执行。

## 8.5 规章类公文

规章类公文,是指国家党政机关根据有关法律法规的精神,在行政管理方面制定的专用事务文书。

### 8.5.1 规章类公文的特点

下面是实际工作中一篇较为成熟的规章类公文:

×××局工作规章制度

为确保局机关各项工作高效运转,提高工作实效,改进工作作风,使机关工作纳入规范化管理轨道,达到优质、务实的良好氛围,特制定本制度。

一、局机关工作人员必须认真执行上级各项路线、方针、政策、法律法规和有关规定,执行局集体研究的各项决议、决定,服从组织分工,听从领导指挥,牢固树立全局一盘棋思想,做到依法准确行使自己的职权。

二、严格执行岗位责任制,层层抓落实,层层签订目标管理责任状或承诺书。即:局分管领导向局长签订责任状,各站所室负责人向分管领导签订责任状,一般干部、职工向站所室负责人签订责任状或承诺书。对于各项工作任务,都必须确保按时按质按量完成,不能拖延或贻误工作。哪一级没有按要求完成自己的工作任务,因主观原因造成重大失误或受市委、市政府以上部门通报批评影响恶劣的,将追究直接责任人的责任,停发当月工资,取消全年奖金和年终公务员评先晋升职称资格。

三、为树立局机关良好形象,工作人员对工作对象必须热情对待,服务周到;工作中不得推卸责任,相互扯皮;不准弄虚作假,欺上瞒下。否则，严肃处理，对当事人停职反省或调离原岗位。

四、各工作人员必须时刻保持清正廉洁、克己奉公的良好风气，不准以权谋私、以岗谋私，更不得向下属单位或工作对象索、拿、卡、要。否则，一经查实，按党纪、政纪条规处理。

五、各站所室在处理相关业务工作中，涉及关键性统计报表和重要材料，须请示分管领导或局主要领导，经有关领导审定后方可上报，个人不得擅自做主。否则，造成无法挽回的损失和影响将按工作失误严肃处理。

六、为确保机关工作环境的安静、优雅和严肃性，上班时间应认真处理各自的工作业务或学习理论、业务知识，坚持做到以下"六个不准"：

1. 上班时间不准迟到、早退，不得中途脱岗。否则，按考勤制度有关规定处理。

2. 不准携带小孩上班，家属子女、亲友不得到办公室聊天，以免影响正常工作秩序。

3. 不准在工作时间大声喧哗，更不得三五成群对机关内外人和事品头论足、说三道四，以免惹是生非，严格注意保守机关机密。

4. 不准在工作时间开展娱乐活动（特殊情况除外），更不得进行赌博活动。否则，一经查实，轻则处以200元罚款，并公开检讨；情节严重的，给予相应的纪律处分，并待岗三个月。

5. 下乡不准酗酒。否则，后果自负。

6. 非工作需要不得客串站所室或到其他单位串门，更不得拉帮结派，搞凌驾于组织之上的非组织活动。否则，从严处理。

对于以上"六个不准"，应认真遵守，局机关将不定时派人进行督查，查实有以上情况之一的，除按有关规定处理外，首次通报批评，二次扣除当月奖金，三次扣除当月工资和奖金，四次停职检查，屡教不改者作待岗处理。

由于这样的文书是在公务机关职权范围内制订并实施，因此，作者突出其行政上的约束性，也表现出职业道德准则上的指导性。

具体而言，规章类的文书，具有以下几个特点：

首先是权威性。无论是法规性还是规约性的公文，其制订过程都要先有法律上的基础，必须能够在国家现行的法律方针和政策基础上找到条理依据。另外，发布和实施这些公文的部门，应该具有其权威性，从规章类文书上体现出权力机关应有的领导意志，必须能够严格贯彻执行。任何违背规章类文书的行文，都应该受到相关法律或者规定所制订的惩罚。

其次是程序性。规章类文书的制订发布，比起普通公文更加严格，其制订、审批、备案和发布过程都需要遵守法律法规和各级政府的规定，必须严格遵照有关程序加以进行。

再次是精准性。规章类文书，主要作用是对基层单位和干部的工作行为加以约束，其内容必须规范，结构应完整无误，文字要规范精密，用词则应该明白无异议。这样，规章类的文书就能够确切表达其含义，不会产生模棱两可的问题。

另外，规章类文书虽然能够直接加以颁发，但大多数的规章类文书，应该作为命令、决议和通知等文件的附件加以发布，否则会失去其应有的权威性和可执行性。

## 8.5.2　规章公文的分类

从分类来看，规章类文书分为法规性文书和规约性文书。其中，法规性文书包括条例、规定、办法和细则，这类文书一旦推出就具备法律效应，必须经过领导机关的批准；规约性文书，包括章程、公约、制度、守则和规则，这类文书不具备法律效应，但具备规范效应，同样是工作和生活办事的准则、依据和规范。通常情况下，公务实用写作接触到的规章类文书主要是后一种。由于规章类别的文书有众多种类,其写作的要求既有共同点也存在差异。

总体上看,规章类文书必须符合国家的法律法规和党的方针政策,应该有明确和鲜明的态度,并体现出严肃性、权威性。即使是约束力不如法规类文书的规约类文书,写作过程也必须做到严肃、庄重。这就意味着在撰写这类文书之前,应当做到充分调查研究,从而正确领会国家的有关方针政策、了解本地区和本单位的现实情况,同时保持结构严谨、条目清楚、文字简洁。其中,议论应当适当减少,说明应当占主要成分,包括"可""应当""不得"等肯定性的词语可以多用,从而体现出规章类公文的约束性和强制性。

值得注意的是,那些尚没有经过正式程序决定的意见,不适宜写入公文。写入公文的内容要做到简明扼要且具有可操作性,不应该提出超越现实可能的要求或目标,要将内容指向具体可行的对象,围绕可以达到的目标,做出具体现实的规范要求。

## 8.6 计划类公文

社会组织中,人们将工作是否有提前安排作为衡量干部个人能力的标准。党政机关是否能够根据相关政策方针,结合自身特点预先对一定时期的工作目标进行具体细致地部署和安排,也决定了党政机关的工作业绩。这是因为有了计划,基层工作就有目标和程序,便于上级领导的监督,也便于不同层面的单位部门在执行过程中抓住重点,发挥主观能动性。

### 8.6.1 计划类公文的特点

计划类文书,是公务员实用写作中不应忽视的项目。该类文书的特点如下：

一是先导制约的特点。计划类文书对没有开始实施的事项进行事前安排，这样的安排源自于对工作本身的周密观察和把握，必须从指导思想、客观环境、主观条件和目标特点来设计。因此，计划类文书不仅需要有"提前量"，更需要有"导引性"，即对一段时间中的未来工作具有导向作用。

这样的特点，要求公务员在写作时，提前做好调研工作，使得计划能够符合客观实际。在现实工作中，计划应该对基层工作具备制约性，保证基层能够通过执行计划来达到预期效果，让工作顺利进行。

二是具备科学性和积极性。计划的作用在于指导实践，反之，不可行的计划完全没有意义。因此，在写作计划类公文时，最忌写作者脱离实际工作进行胡编乱造、随意而为。这样的态度都是不科学的。计划的制订态度又不能过于保守，应该在接收者可操作的基础上，对工作提出较高要求，从而既尊重现实情况，又发扬开拓和创新精神，推进工作朝目标一步步踏实前进。

三是双向的关联性。计划并非唐突而成的文章，应该带有其必然的协调性和关联性。写作者在制订写作计划时，应该表现出前后期的纵向关联，更应该具有逻辑上的横向关联，应该对一段时期地区的主题工作、上级的指导思想、方针政策和法律法规，包括自然环境、社会热点等加以研究，将其产生的作用考虑到计划的写作中并加以协调。

## 8.6.2　计划类公文的分类

计划类文书只是个统称，根据其中的内容多少、预期时间长短等因素对其中文章进行分类，可以有规划、安排、设想、纲要、方案、要点等。例如，规划和纲要是指工作中长期的计划，时间跨度较长，计划内容较广；安排则是指具体和短期内的工作项目；设想和打算则意味着还可以对内容进行更多完善；要点则是指计划中只做出原则规定，不作具体的安排；方案，做出的则是专业性较强的业务布置；预案则是指不同政府和部门针对可能发生的意外，根据自身工作范围与特点，事先预备好防范应对的措施。

下面是实际写作中计划的分类方法：

按性质划分，可以分成综合性和专题性的计划；

按内容划分，可以分成生产计划、建设计划、培训计划；

按范围可以分成地区计划、部门计划、单位计划和个人计划；

按时间可以划分为长期计划、中期计划、短期计划、季度计划、月度计划；

按形式可以分为文件式、表格式、文件与表格结合式的计划。

在写作计划时，上述计划种类是相互交融的。例如，《××政府2012年环境保护工作安排》既是单位计划，又是年度计划，还是专题计划。

计划类的文书并没有完全绝对的格式规定，通常，对于预期时间长、内容含量较大的计划，可以采用条款形式来进行详细解释说明；对于要求较为简单、不需要过多说明的计划，则适宜以图表的形式为主来进行说明。

### 8.6.3 计划类公文写作原则

在计划写作过程中，写作者要注意其和普通公文的不同。

××区财政局全年工作规划

20××年，××区财政局将以"一个中心、两个着力点、四个到位"为主线，全力推动全区经济平稳较快增长，为加快建设宜居幸福新××提供可靠的财力保障。

一、以狠抓财源建设为中心，提高经济发展质量

一是开展财经形势调研。密切关注上级财税体制改革动向，结合我区财政发展形势及存在问题，定期开展专题税源调查，研究分析收入完成指标、税收结构等情况。二是加强财政扶持力度。完善区级领导企业联系点、"三送三帮"和大企业直通车等制度措施，积极营造亲商、安商、富商的良好环境，提高企业创税能力。三是健全综合治税体系。完善涉税信息共享平台，强化考核督查和奖惩政策落实，健全科技治税、以票控税机制，及时跟踪落实搬迁企业税收划转政策，确保税收划转到位。

二、着力优化支出结构，强化资金保障能力

一是压缩"三公"经费支出。严格控制"三公经费"和一般性支出，集中财力确保民生政策落实和重点项目建设。公用经费和"三公经费"支出原则上较去年各压缩5%。二是加大教育、医疗的投入力度。严格落实义务教育各项补助政策，完善公办幼儿园及中小学基础设施建设，促进教育均衡发展；深化基层医疗卫生机构改革，提升医疗机构服务能力，推进医疗卫生事业发展。三是加强土地出让资金收益管理。抓紧回笼项目资金，优先保证棚户区改造、保障性住房建设和区办实事项目的资金需求，不断改善人民群众的生活居住条件。

三、着力深化财政改革，健全公共财政制度体系

一是加强预算绩效管理体系建设。探索实施绩效运行跟踪监控，对项目完成进度、阶段性目标完成情况、项目效益与预期目标偏差情况进行跟踪和控制，有力推进财政预算绩效管理体系建设。二是深化政府性债务管理。定期测算政府性债务预警指标，及时汇报资金使用、还款及项目建设等情况，保证融入资金的安全运行。三是深化国库集中支付改革。不断扩大改革的预算级次和资金范围，提高公务卡使用率，大力压缩结余结转资金，分批次开展部门远程报账试点工作，杜绝违规现象。

四是深化政府采购管理改革。落实好工程招投标"容缺办理"和绿色通道机制，扩大采购项目验收范围，探索政府采购联络员制度，逐步推行电子化平台。

四、"三个到位"规范财政管理，提升科学理财水平

一是财政预算执行到位。建立预算执行动态监控机制，严控无预算、超预算及追加预算，增强预算约束刚性，同时做好公务接待费等预算信息的公开试点工作，提高资金使用透明度。二是专项资金管理到位。加强对教育费附加、城市维护费等资金的管理力度，建立专项资金规范申报、科学核定、及时拨付、绩效考评四位一体的资金管理模式，提高专项资金使用效益。三是国有资产管理到位。坚持一手抓服务，一手抓监督，健全国有资产综合管理体系、负责人经营业绩考核和重大事项审批机制，确保国有资产保值增值。

这份计划很好地体现了下面的写作原则：

一是要确保计划能够反映宏观形势。写作者除了对相关的法律政策了解掌握，还应该积极掌握当下的经济环境、社会背景，更能够通过学习和认识，对未来形势有正确认识和把握。如果只看到目前的情况拟定计划，最多只能对具体和短期的计划加以敷衍，却不可能把握好长时间、内容多的计划。因此，尤其在制定重要计划时，应该充分考虑多种因素，尽可能让计划符合长远情况，并留出一定的余地为其调整做好准备。

二是要让计划明确可行。计划的拟订，要考虑发展，更要考虑现实。计划应该具体和明确，对其中的步骤和措施加以切实可行的设计，保证其具有可操作性，不能目标笼统、内容空洞，尤其是分工职责，应该落实到具体部门或个人身上。这样才能使得收文者执行时能够具有主动性，也能促使计划落实后能够有具体的依据进行检查核对。

三是要保证计划的语言简明和规范。在写作计划类公文时，应该将叙述和说明作为主要表达方式，具体的语言应该简明和规范，应该挑选意思浅显和明确的词语使用，其中涉及的概念和术语也应该规范准确，安排合理，保证其关系能够环环相扣、清晰明了。

## 8.7 会议类公文

会议类公文，通常指在行政机关的不同会议活动中使用和发布的公文。这类公文主要运用于对会议的顺利召开予以保障，对会议任务的完成加以促进，同时能够对会议决定的事项、决策加以传达。

### 8.7.1 会议类公文的特点

会议类公文，通常都具有下面的特点：

广泛性。会议类公文有着广泛用途，无论是高层行政机关，还是基层政府部门，在召开不同级别、不同种类的会议时，都会写作并发布相应的会议公文。

针对性。会议类公文，专门为保障不同会议的顺利召开和进行而使用，因此具有明确的针对性。

会议类的公文种类繁多，其中有知照性公文。例如，会议通知、安排，有的是告知性公文，如会议公报；有的属于礼仪类公文，如会议欢迎词、开幕词等。狭义的会议类公文，通常指其中的会议纪要、会议决议等专门公文。

### 8.7.2 会议纪要的写作

会议纪要，适用于对会议情况和议定事项进行记载、传达，通过对会议记录进行整理和归纳，能够通报会议精神、反映会议情况，并对上级进行汇报工作，从而统一认识、沟通信息。

由于是"纪要"，会议必须具备应有的纪实性，能够如实反映会议内容和议定事项。写作者不能将会议没有讨论出答案的问题写入其中，也不能写成会议记录，平铺直叙地将会议中的所有程序内容都写进去，而是应将要点加以记载，并进行概括性整理，通过主要事项体现出会议的中心思想。

会议纪要，可以按照会议的类型划分成为两类，即日常例会纪要和专题会议纪要。前者属于日常党政机关办公的会议，如党委办公会、局长办公会等；后者属于就某个专门问题或事项而召开的会议，包括工作会、座谈会、研讨会和报告会等。

如果按照会议任务，可以分为三种：指示性会议纪要，即对会议精神加以传达，指示相关单位人员执行决策；决策性会议纪要，对会议决定的有关事项知照相关单位或人员加以执行；研讨性会议，即通报会议研究讨论出来之后的大致情况，形成应有的意见。

下面是一篇会议纪要的主要内容框架：

### 全国城市经济体制改革试点工作座谈会纪要
（××××年×月×日）

××××年×月×日至×日，国家体委在××省××市召开了全国城市经济体制改革试点工作座谈会。三十一个省、自治区、直辖市体委（办）的负责同志，五十八个试点城市的负责同志，以及中央、国务院有关部门的负责同志共二百多人参加了会议。会上传达学习了中央领导同志最近的重要讲话，交流了试点城市改革的情况和经验，研究了在新形势下要积极推进城市经济体制改革进一步开展的工作。

一、统一认识，明确今年改革的方针和主要任务。（略）

二、进一步简政放权，政企分开，搞活企业。（略）

三、充分发挥社会主义市场经济，理顺经济关系。（略）

四、精心指导，保证改革健康发展。（略）

与会同志一致表示，当前改革进入攻坚阶段，我们要坚定贯彻党中央和国务院的部署，精心组织，精心指导，搞好调查研究，把城市经济体制改革引向深入，为建立有中国特色的社会主义市场经济做出新贡献。

会议纪要的开头部分，通常需要对会议的基本情况加以交代，包括时间、地点、参会人员、会议任务、发言情况和汇报情况等，所写的内容应该看实施情况来制定，不需要面面俱到，但需要介绍会议的总体概况。

主体部分，则是会议纪要的重点。根据不同会议的中心议题，写作者应该将会议的情况和实际成果作为主体的写作内容，包括会议中如何评价现有工作、讨论哪些问题、分析哪些问题、提出哪些要求、如何确定问题的解决方法、如何确定单位或个人的责任、达成哪些共识、会议议定的事项等。通常，指示性的会议纪要，主要内容包括会议的重要指示意见或要求；决策性的会议纪要，主要内容是会议的具体议定事项；研讨性的会议纪要，主要记载与会人员研讨出的结果，并归纳出其中的意见见解。

会议纪要的结构形式分为以下三种：

一是条款式，即通过分条款来记载会议中讨论的问题、议定的事项。写作者按照内容的主次，使用数字项目加以表述，从而确保内容能够清晰表达。

二是综合式，即将会议整体内容进行综合概括，加以融合整理，然后分成若干不同类别分别加以叙述，并突出其中的主要内容。一般情况下，写作者需要将重要内容放在纪要前面加以突出，而且要写得详细具体，次要的内容写在后面，并应该稍微简略。

三是摘要式，即将参会者代表性的意见进行摘录，并按照发言的顺序或内容进行分类整理。写作者在写作过程中，应该保持发言者的发言风格，避免雷同。

在写作会议纪要时，应该对会议内容加以全面了解，充分做好准备。首先应该从了解会议情况开始，特别是参会人员构成、指导会议的思想和精神、意见分歧和统一的过程、议定事项的内容等；其次要找到会议的主题，并结合本次会议和参会单位与人员的具体情况来对会议内容加以解读，尤其是其中的主体文件材料、领导发言等，都应该如实概括。只有这样，才能准确领会会议精神，会议纪要的写作才能有正确方向。

## 8.8 礼仪类公文

随着时代的发展，政府机关越来越重视自身公共形象的塑造。在多渠道传播媒体迅猛发展的今天，在服务型政府建设过程中，礼仪类公文也起着不可或缺的作用，无论是迎送、节日，还是宣传、发布，都需要这类公文发挥作用。作为机关中主管文秘的人员，必须看到这种情况，高度重视礼仪类公文，不断提高其写作水平。

礼仪类公文的写作和普通公文不同，正因为其是礼仪类公文，因此写作时要注重揣摩对象心理，并非用权威力量对受众加以直接约束。只有做到这一点，才能吸引并说服受众，并实现其促成了解、信任、沟通、协调与合作的功能。另外，由于礼仪类公文的特点，写作时应该注意运用必要的文言惯用语，从而在公文中体现庄重典雅的气氛，保持礼仪类公文应有的文白贯通的语言特点。

### 8.8.1 欢迎致辞的写作

最常见的礼仪类公文是迎送致辞类文书，主要指党政机关领导人在重大节日、纪念性会议或活动等社交礼仪场合，为了表达欢迎、欢送、感谢、祝贺等意愿而使用的讲话类文种。其中主要包括欢迎词、欢送词、答谢词、祝酒词、祝贺词等。

好的迎送致辞类文书，能够赢得外单位的好感，充分协调单位间的关系并促进相互间的友谊，同时有助于对本单位的形象进行良好传播，提高单位的知名度与美誉度。为了发挥这样的作用，致辞公文应该具有如下特点：首先是单一性，即专用于不同的礼仪场合，确保事务和内容都是单一的；其次是场合性，即内容安排、语言风格都随场合和现实情况变化；最后是礼貌性，由于场合的特点，无论是上下级之间还是相互级之间，都应该更加客气礼貌，不是单纯的工作态度。

下面是实际工作中××自治区××旗领导在一次培训班上的欢迎词：

各位领导，同志们：

首先，我代表××旗委对全市党委系统信息员培训班在我旗隆重开班，表示热烈的祝贺！同时，对自治区党委办公厅信息调研处、市委办公厅信息调研处、兄弟旗县区的各位领导、全体信息员同志，表示热烈的欢迎！

近年来，××旗信息工作在自治区党委办公厅信息调研处、市委办公厅信息调研处的关心和指导下，信息网络不断健全，信息员队伍不断优化，信息报送质量不断提高，取得了较好的成绩。在此，我代表旗委，对各位领导和同志们表示衷心的感谢！

这次全市党委系统信息员培训班选择在我旗召开，是对我旗信息工作的支持与肯定，更是我旗信息工作进一步发展的一次难得的机遇。随着培训班的成功举办，必将有利于我旗信息员队伍整体素质的提高，推动我旗信息工作新发展。我希望××旗的信息员同志们，要珍惜这次机会，认真参加培训；也希望办公室的同志，积极做好培训班的各项工作，为培训班提供优质的服务。

最后，我预祝本次全市党委系统信息员培训班取得圆满成功！

虽然迎送致辞等礼仪公文的内容相对简单，而且通常采用较为程式化的写作套路，写作并不困难。但要写好、能够给人留下深刻印象，还是需要讲究写作技巧。这些技巧正是写作者在写作过程中应该思考的问题。写好礼仪类公文，需要掌握以下技巧：

### 8.8.2　掌握出席者情况

礼仪类公文是在社交礼仪场合使用的，写作过程中首先应该避免行文中出现失礼之处，为此应搞清楚出席者的社会角色分类，包括重要人士的身份、成就、经历、个性和习惯等，才能在公文中做到准确称呼、全面深入地传达内容，同时应该做到措辞得体，避免有错误称呼造成的失礼。

### 8.8.3　语言雅致而明白

礼仪类公文虽然比较讲究典雅庄重，但由于其更多运用在"读"而非"阅"的活动中，写作者尤其需要考虑听众有怎样的接受过程。例如，迎送致辞类的公文，在讲究文字的同时，还要注意语言保持适度的口语化，如多用短句，注意长短句交叉使用，避免使用同音不同义的或容易造成混淆的词语，不随便使用简略语，适当增强语气助词的数量，从而拉近与听众的距离。另外，为了方便聆听，标点符号可以用文字加以代替，如顿号改为"和"、破折号用"是"代替等。

### 8.8.4 篇幅长短适当

礼仪类公文通常用在礼仪活动的一开始，由于整体时间安排需要，总体上来说需要注意行文的简练。当然，具体长短要看活动主题内容，如果是在户外仪式上致辞，就应该简短处理；如果在专门的室内仪式上致辞，应该显得准备充分、内容丰富一点，否则会导致听众认为组织者不够重视、不够热情真诚。

### 8.8.5 加强文字形象性

在礼仪类公文表达清楚事理的基础上，应该适当增加文化内涵，还可以利用描写性的语言增强文字的形象性和感染力。例如，写作者可以在致辞中穿插一些古诗名句、趣闻轶事甚至网络用语等对气氛加以调节，拉近与听众的情感，调动听众的情绪。这样，不仅能够做好整个礼仪活动的铺垫，而且可以树立单位和领导更好的形象。

# 参考文献

[1] 谢亦森. 大手笔是怎样炼成的 资深老秘书的公文写作秘笈 实践篇[M]. 武汉：长江文艺出版社，2013.

[2] 张保忠. 公文写作一本通[M]. 北京：中国时代经济出版社，2011.

[3] 裴传永，李晓波. 现代公文写作与公文处理基础教程[M]. 北京：中共中央党校出版社，2010.

[4] 岳海翔. 公文写作培训教程[M]. 北京：中国言实出版社，2010.